Jeux Éducatifs

RECUEILLIS ET PUBLIÉS

SOUS LA DIRECTION

DE

Mme Jeanne GIRARD

INSPECTRICE DES ÉCOLES MATERNELLES

Méthode Française d'Éducation

JEUX ÉDUCATIFS

8R
24508

TOUS DROITS RÉSERVÉS

Écoles Maternelles et Enfantines

MÉTHODE FRANÇAISE D'ÉDUCATION

Jeux Éducatifs

RECUEILLIS ET PUBLIÉS

SOUS LA DIRECTION

DE

Mme Jeanne GIRARD

INSPECTRICE DES ÉCOLES MATERNELLES DE LA SEINE

DEUXIÈME ÉDITION

PARIS

LIBRAIRIE GEDALGE & Cie

75, RUE DES SAINTS-PÈRES, 75

DÉPOT LÉGAL
N°..... 2426
1911

BIBLIOTHÈQUE NATIONALE
R.
IMPRIMÉS

AVERTISSEMENT

LES JEUX ÉDUCATIFS

Jeu éducatif: c'est une formule nouvelle ; elle tire toute sa valeur de l'idée généreuse qu'elle veut éveiller dans le cœur des éducatrices de la première enfance. Car l'Ecole maternelle n'a pas pour mission de faire travailler les enfants, au sens pénible du mot ; son rôle est de préparer l'éducation de leurs facultés physiques, intellectuelles et morales en les conviant à faire des exercices qui leur plaisent, qui leur soient une joie, auxquels ils prennent goût, arrivant ainsi à *travailler* sans le savoir. « Le jeu est le travail de l'enfant. »

Mais il fallait, pour les institutrices, définir d'un mot clair ces exercices spéciaux. Comment trouver une expression qui fasse comprendre que les enfants, tout simplement en jouant, doivent s'initier au travail, faire sur eux-mêmes leur propre éducation, exercer leurs facultés et leurs énergies en vue de la lutte future pour la vie ?

L'idée de *travail* ne devait pas apparaître; car, pour un écolier, elle a le sens de la contrainte; pour la maîtresse, elle est synonyme du droit de punir l'élève qui ne se soumettrait pas à l'obligation. D'autre part, il fallait pourtant rappeler que l'enfant doit être entraîné à une activité qui lui épargne les inconvénients de l'immobilité et qui lui soit directement ou indirectement utile : puisque, pour lui, *jouer* c'est *travailler*, le jeu devait nécessairement entrer en première ligne de compte dans la formule qui caractérise son occupation primordiale à l'école maternelle. Enfin, comme il est nécessaire aussi de ne rien négliger pour son éducation, il importait de rappeler cette idée capitale : *éduquer*. D'où la formule : *Jeu éducatif*.

Que sera donc le *jeu éducatif?* C'est celui qui répondra le plus exactement à l'idée qu'on peut s'en faire d'après cette définition : agir, apprendre, s'éduquer sans le savoir par des exercices qui récréent tout en préparant l'effort du travail proprement dit.

Veut-on des exemples?

Si, dans une classe, on distribue à chaque enfant des cubes de bois en nombre quelconque, de façon qu'il puisse reproduire le modèle que son institutrice a fait à l'aide de cubes semblables, sur son bureau, — ou qu'il ait le moyen de copier le dessin fait au tableau à l'aide du souvenir qu'il a gardé d'un exercice précédent, le petit a bien l'idée qu'il va s'amuser, qu'il va jouer, puisque généralement la leçon se terminera pour lui par l'autorisation de faire ce qui lui plaît avec les cubes. Mais son éducation ne sera pas négligée pour cela : il apprendra d'abord à ne pas jeter par terre les cubes qu'on lui confiera pour ne point faire ni bruit, ni désordre, — ensuite à imiter ce que l'institutrice lui montre ; pour imiter, il lui faudra de l'attention, de la patience, de la volonté, une certaine habileté des mains. Il apprendra à regarder, à voir, à observer, à comparer, etc., etc. Il ne sera pas obligé à une application rigoureuse, à une tension des facultés comme dans la lecture ou l'écriture ; il se tiendra comme il le voudra, appuyé au dossier du banc, ou le corps droit, etc., etc. Sa personnalité se formera.

A mesure que les exercices deviendront plus compliqués, ou qu'ils se différencieront par un choix de matériaux plus délicats ou coloriés, ou malaisés à manier, les qualités que l'enfant aura besoin de mettre en œuvre naîtront et se perfectionneront à son insu ; c'est en pareil cas que le besoin crée l'organe ; et les enfants on des ressources inépuisables pour cela ; le petit qui veut faire quelque chose de difficile s'ingénie à le faire, et il finit par réussir. Ainsi ses facultés se développent méthodiquement dans une succession régulière de jeux ayant plus particulièrement pour but l'éducation d'un sens : de l'œil, de l'ouïe ; celle de tous à la fois. Les exercices pourront aussi se proposer le but ...

développer le goût artistique par l'étude des couleurs, la disposition de formes ou tout autre moyen approprié.

Ainsi se doit créer toute une méthode qui reposera sur l'idée du jeu (travail de l'enfant) avec des exercices ayant pour objet et pour résultat l'éducation (devoir de l'institutrice).

Tous les jeux éducatifs n'ont assurément pas la même valeur, mais tous doivent concourir au même but : Jouer et rire pour apprendre à l'enfant à vivre en bonne humeur, en santé et en activité.

Jeanne Girard.

MOUVEMENTS — MARCHES — SAUTS

Debout. — Sur le banc. — Marcher. — En mesure. — Soldats. — Sur un pied. — Jeu des bateaux. — L'eau. — Le cheval.   Course aux bouchons et aux bobines. — Les marches — Courses à l'attelage. — Marches d obstacles. — File indienne. — Sens des mots. — La retraite aux flambeaux. — Les sauts. — Sautillement. — Pieds joints. — Grenouille. — La mère Garuche à cloche-pied. — Saut en longueur.

DEBOUT

Se lever de sa place, sortir du banc, se rendre à un point de la classe sans bruit.   (A. D.) (*)

SUR LE BANC

Les enfants montent sur le banc à un signal donné ou s'asseyent sur la table.   (A. D.)

MARCHER

Marcher sur la pointe des pieds, lentement, vite, plus vite.   (A. D.)

EN MESURE

Mettre la balle à terre, la reprendre, faire un pas, la poser de nouveau, la reprendre, etc. (en comptant un, deux, trois, etc.).   (A. D.)

(*) Ces lettres sont les initiales des personnes qui ont donné ces jeux.

SOLDATS

Mouvements en mesure et au commandement : mains sur la tête, les épaules, le cou, la gorge, les coudes, les poignets, les hanches, etc.   (A. D.)

SUR UN PIED

Marcher sur un pied, le droit, le gauche, les bras en avant, les bras en l'air, etc.   (A. D.)

JEU DES BATEAUX

Les enfants imitent le balancement du bateau en se donnant la main deux par deux.   (A. D.)

L'EAU

Les enfants se tiennent par la main. Balancement lent (eau calme), puis plus rapide (eau agitée), puis désordonné (tempête) : ce dernier mouvement très court.   (A. D.)

LE CHEVAL

On marche au pas, au trot, au galop.   (A. D.)

COURSE AUX BOUCHONS OU AUX BOBINES

Placer des bouchons sur le sol de distance en distance. Les enfants, au nombre de quatre, six ou huit, suivant le plus ou moins de place, sont sur une même ligne. A un signal donné, ils partent tous ramasser les bouchons ou les bobines. Lorsqu'il ne reste plus de bouchons par terre, le bébé qui en a le plus obtient une petite récompense. Placés également sur une même ligne, cinq ou six enfants reçoivent dans la main une cuiller contenant un bouchon. A un signal donné, ils partent tous ; le premier arrivé à l'endroit indiqué sans avoir laissé tomber le bouchon a droit à un témoignage quelconque de satisfaction.

LES MARCHES

Le nombre des joueurs est illimité.

Les enfants sont placés les uns derrière les autres à deux pas de distance, tout autour de la cour ou du préau.

Celui qui dirige le jeu se tient au milieu et commande « en route ». Les joueurs se mettent en marche au pas accéléré.

Lorsqu'ils ont fait dix à quinze pas, on leur commande : *pas de géant*, et aussitôt ils se mettent à faire de grands pas.

Les pompiers. — Ce commandement indique qu'ils doivent prendre le pas gymnastique.

Les canards. — Les coureurs fléchissent sur les extrémités inférieures et marchent dans cette position.

Grue à droite. — Tous se relèvent et marchent à cloche-pied sur le pied droit.

Grue à gauche. — Ils marchent à cloche-pied su le pied gauche.

Pieds collés. — Les joueurs joignent les pieds e avancent en sautillant.

Pas de loup. — Ils se mettent sur la pointe des pieds et marchent en évitant de faire du bruit.

Au galop. — Les enfants courent en imitant le galop du cheval et en frappant les mains sur les genoux.

Remarque. — Si on a un grand nombre d'enfants dans un petit espace, on peut les placer sur deux rangs et les faire se tenir par la main.

COURSES A L'ATTELAGE

Quelques rares écoles possèdent de vraies guides, mais on peut facilement les remplacer par des cordes de 4 à 5 mètres de longueur. Deux élèves sont attachés, l'un par le bras droit, l'autre par le bras gauche; un troisième, qui devient le jockey, prend, de la main gauche, le milieu de la corde, et de l'autre tient une baguette flexible ou un petit fouet.

On peut former ainsi plusieurs attelages et jouer... aux courses. Les jockeys donneront naturellement des noms à leurs chevaux.

MARCHES D'OBSTACLES

Passer par-dessus une planchette, une corde, un banc, plusieurs bancs, etc.

FILE INDIENNE

A la queue leu leu, deux à deux, en farandole, les mains au dos, les mains pendantes, les mains en avant, un objet dans une main, dans l'autre, dans les deux.

SENS DES MOTS

Marche ayant pour but de faire comprendre les expressions : en avant, en arrière, avancez, reculez, marchez, courez, halte, arrêtez, cessez, etc.

LA RETRAITE AUX FLAMBEAUX

Baguettes de jonc, lanternes japonaises, drapeaux.

En tête, les musiciens qui imitent les sons dés instruments de musique; derrière, les porteurs de drapeaux et de lanternes, — puis le public.

Avoir des commissaires pour assurer l'ordre.

(A. D.)

LES SAUTS

Les courses fortifient les membres, les poumons, donnent de l'agilité. Les sauts donnent à la fois de la force, de la vigueur, de la légèreté au corps, de l'élasticité aux muscles; ils exercent aussi le coup d'œil.

Le premier exercice consistera à apprendre à sauter. La maîtresse exigera que les enfants retombent sur la pointe des pieds et non sur les talons, car la secousse produite dans ce dernier cas peut déterminer des troubles cérébraux souvent graves.

SAUTILLEMENT

Pour entraîner nos enfants, faisons-les sautiller tantôt sur un pied, tantôt sur un autre, en faisant le tour de la cour ou en les groupant sur une ligne et en leur marquant un but à atteindre. Quand ils seront exercés à se tenir dans cette position, nous pourrons les faire jouer aux deux jeux suivants.

PIEDS JOINTS

Sauter les pieds joints, en avant, en arrière, à droite, à gauche, — par-dessus une raie, une corde à terre, etc.   (A. D.)

GRENOUILLE

Le tour du préau en sautant comme la grenouille.

LA MÈRE GARUCHE A CLOCHE-PIED

Au lieu de poursuivre ses enfants en courant, la mère Garuche s'élance vers eux en sautillant et en tenant son mouchoir roulé à la main. La difficulté dans ce dernier jeu est plus grande, mais comme les enfants s'enfuient aussi à cloche-pied et qu'ils sont pris dès qu'ils sont touchés par le mouchoir de leur mère, les chances sont à peu près les mêmes.

SAUT EN LONGUEUR

Faites marcher les enfants à tout petits pas, puis à pas un peu plus longs, puis à grands pas. Quand ils auront compris qu'on peut faire des pas plus ou moins longs, vous leur direz qu'on peut aussi faire des sauts plus ou moins longs et vous les exercerez de la même manière.

Placez ensuite une dizaine d'enfants sur le même rang et faites-les sauter ensemble après avoir eu soin de marquer sur le sol la ligne de départ et la ligne d'arrivée.

Vous pouvez aussi les placer en file et les faire sauter l'un après l'autre. Cela fera une sorte de concours de sauts qui vous permettra de récompenser l'enfant qui aura fait le saut le plus long et de stimuler l'apathie ou l'indifférence des autres.

RONDES — DANSES

Les jeux du chat. — Jeu des fleurs. — Autre jeu des fleurs. — Les arceaux vivants. — La noce bretonne. — Les olivettes. - Le cadeau du père — Le pont d'Avignon. — Farandoles. — Ronde autour des tables en chantant. — Ronde en se tenant par la main. — Ronde à l'endroit, à l'envers — Pivot - Savez vous planter. — Chemin de fer. — Vis-à-vis. — En avant-deux. — Pas et salut. Changement de place. — Polka-Baby. — Le quadrille des drapeaux. — Pas-de-quatre. — Lanciers. — Chants.

LES JEUX DU CHAT

Chat, tu l'es.
Chat perché.
Le chat et la souris.
La mère Michel.
La mère Garuche.   (A. D.)

JEU DES FLEURS

Un ou deux enfants distribuent à tous les élèves de la classe des petits cartons, un peu plus grands que des cartes à jouer; chacun de ces cartons a une fleur peinte dessus. Les cartons sont placés sur la table devant chaque élève, la fleur bien en vue, et l'enfant prend le nom de la fleur qu'il a devant lui.

La maîtresse choisit un élève pour aller cueillir des fleurs dans le jardin afin de faire un bouquet (soit pour la fête de maman, soit pour orner la classe;

le champ est vaste pour la maîtresse qui varie les préliminaires du jeu).

L'institutrice demande: « Quelle fleur faut-il mettre dans notre bouquet, afin qu'il nous parfume ? » Réponse: « Une rose. — Bien, va chercher la rose, » et l'enfant passe près des tables et ramène tous ceux qui ont des roses devant eux.

« Je voudrais aussi, dit la maîtresse, quelques petites fleurs qu'on trouve dans les jardins et les champs, petites fleurs qui se cachent et qui nous embaument, les connaissez-vous ? — Oui, Madame, des violettes — Très bien, allez me cueillir des violettes », et l'enfant fait sa tournée et ramène les violettes, et ainsi de suite jusqu'à ce que les fleurs soient cueillies.

L'institutrice change de formule, suivant ses désirs, pour la cueillette des fleurs, et, pour terminer, les enfants se donnent la main, font une ronde autour de la classe, en chantant :

> Chantons, dansons en chœur,
> Pâquerettes, violettes,
> Chantons, dansons en chœur,
> Chantons la chanson des fleurs
> Et répétons : Vivent les fleurs.

Ce jeu éveille l'esprit d'observation, exerce la mémoire à retenir le nom de chaque fleur et contribue à l'éducation de la vue, par l'observation des formes et des couleurs. Il permet aux enfants de se déplacer, leur donne du mouvement et les amuse beaucoup parce qu'ils sont les acteurs de cette petite comédie.

Afin d'avoir une certaine quantité de fleurs coloriées, j'ai eu recours à la bonne obligeance de deux institutrices en service dans notre école (deux suppléantes) qui m'ont fort bien approvisionnée. Ce ne sont pas des œuvres d'art, m'ont-elles dit, mais cela me suffit.

Ce même jeu est fait aussi avec des légumes et des fruits. Il n'y a qu'à changer les questions. Celui des légumes et des fruits s'appellera le jeu de la petite ménagère, qui va chercher des légumes pour le pot-au-feu, et aussi ceux nécessaires à la nourriture de la famille; les fruits pour la confection des confitures et le dessert de la maison.

Ces jeux sont une ressource précieuse, qu'on peut utiliser dans la classe.

2° Dans la section des tout petits, l'institutrice met en réserve tous les catalogues qu'on veut bien lui donner, découpe les ustensiles de ménage, les instruments de musique, les vêtements, etc., etc., elle les colle sur des cartons et en fait des magasins où ses mignons vont s'approvisionner.

Un jour elle vend des articles de ménage, et le bébé va chercher une casserole, une assiette, un filtre, etc., etc.

Les matériaux sont peu coûteux, le jeu instructif, et tout le monde est content.

Ce sont les mères bonnes et intelligentes qui doivent perfectionner le genre humain.

AUTRE JEU DES FLEURS

Ce jeu est utile aux enfants, non seulement pour leur apprendre les couleurs, mais aussi pour éveiller leur imagination, et leur apprendre le nom des fleurs.

Des fleurs en papier, faites au préalable, sont disséminées sur une grande table (celle de la maîtresse).

Les petites filles, en file indienne, passent devant la table, choisissent la fleur qui leur plaît, et en disent le nom.

Les petits garçons forment un rond, en se donnant la main, du côté opposé à celui des petites filles, et chantant sur l'air de : *Où est la marguerite*, ou sur celui de : *Giroflée, girofla.*

« Nous sommes les jardiniers
O gué, ô gué, ô gué,
Nous sommes les jardiniers,
Des fleurs bien cultivées. »

Les petites filles, l'une derrière l'autre, forment un autre rond et répondent :

« Nous sommes les belles fleurs.
O gué, ô gué, ô gué,
Nous sommes les belles fleurs,
O gué, bons jardiniers. »

Les petits garçons se consultent pour savoir quelles fleurs ils vont demander (les roses, par exemple); leur choix fait, ils chantent en rond :

« Nous demandons les roses,
O gué, ô gué, ô gué,
Nous demandons les roses,
O gué, bons jardiniers. »

Toutes les petites filles qui ont une rose à la main, parce qu'elles l'ont choisie, se détachent de leur rond respectif, entrent dans celui des petits garçons et chantent :

« Nous sommes les belles roses,
O gué, ô gué ô gué,
Nous sommes les belles roses,
O gué, bons jardiniers. »

Tous les petits garçons et toutes les petites filles frappent des pieds et des mains et chantent ensemble :

« Vivent les belles roses,
O gué, ô gué, ô gué,
Vivent les belles roses,
O gué, bons jardiniers. »

Les petits garçons se consultent de nouveau et demandent des violettes, par exemple :

> « Nous voulons des violettes,
> O gué, ô gué, ô gué,
> Nous voulons des violettes,
> O gué, bons jardiniers. »

Les petites filles qui ont un bouquet de violettes à la main, se détachent de leur rond, entrent dans celui des petits garçons et chantent :

> « Nous sommes les douces violettes,
> O gué, ô gué, ô gué,
> Nous sommes les douces violettes,
> O gué, bons jardiniers. »

Tous les enfants frappent des pieds et des mains et chantent ensemble :

> « Vivent les douces violettes,
> O gué, ô gué, ô gué,
> Vivent les douces violettes,
> O gué, bons jardiniers. »

Et le jeu se continue et se répète à l'infini, en variant le nom des fleurs.

Lorsque les petites filles sont entrées dans le rang des petits garçons (afin de pouvoir sauter et danser en rond), elles mettent leurs fleurs dans leur chevelure, ce qui forme un effet des plus charmants.

Lorsque le jeu est terminé, à un signal donné, les petits garçons et les petites filles se tiennent en farandole, et parcourent la cour et le préau, en chantant :

> « Vivent les belles fleurs,
> O gué, ô gué, ô gué,
> Vivent les belles fleurs,
> Toutes riches en couleurs. »

LES ARCEAUX VIVANTS

Les enfants sont réunis deux à deux (garçon et fille) et disposés ainsi en file double.

Les deux premiers enfants lèvent les mains par lesquelles ils se tiennent; le second couple passe dessous, élève aussi les mains, le troisième couple passe sous les deux premiers, et fait de même, le quatrième couple passe sous les trois premiers et imite les précédents, et ainsi de suite jusqu'à ce que tous les couples soient passés.

Quand tous ont passé, le premier se trouve être le dernier, et si l'on veut continuer le jeu, les deux enfants repassent sous la voûte, puis le deuxième couple qui est devenu l'avant-dernier, de sorte que c'est un jeu sans fin.

Ce jeu, qui plaît beaucoup aux enfants, demande un assez grand espace, et doit être exécuté, de préférence, au préau.

LA NOCE BRETONNE

Les fillettes sur un rang, les garçons sur un autre font le tour de la classe.

Arrivés à une extrémité, les deux rangs se réunissent : les garçons offrent le bras aux fillettes. Un garçon prend un livre dans ses mains : c'est l'accordéon traditionnel. Il se place en avant. La noce part en chantant :

> A la noce de Caribotte
> J'ai perdu mon bouquet de noces
> Je l'ai retrouvé, sur la route, sur la route
> Je l'ai retrouvé
> Sur la route de Saint-Avé.

Les invités de la noce, après avoir fait un ou plusieurs tours, se séparent, pour se retrouver au point de départ et partir de nouveau bras dessus, bras dessous.

LES OLIVETTES

Les garçons sur un rang, les fillettes sur un autre sont face à face. Ils se donnent les deux mains et les élèvent au-dessus de la tête. Cela fait un passage couvert.

Le dernier couple baisse les mains, passe sous les autres mains levées et vient se placer en avant du premier couple en relevant les mains.

L'avant-dernier couple passe à son tour et se place en avant du dernier couple qui vient de passer et ainsi de suite jusqu'à ce que tous les couples aient passé sous la voûte et se retrouvent dans l'ordre primitif.

Tout en passant, les enfants chantent :

> Lon, lon, la, laissez-les passer,
> Les i, les o, les belles olivettes;
> Lon, lon, la, laissez les passer
> Les olivettes après souper.

LE CADEAU DU PÈRE

Les garçons sur un rang, les fillettes sur un autre sont face à face. Ils chantent en mesure :

> Mon père m'a donné des rubans et des rubettes,
> Mon père m'a donné
> Des rubans satinés.
>
> Pour faire une jarretière
> A ma bonne grand'mère.
>
> Mon père m'a donné des rubans et des rubettes,
> Mon père m'a donné
> Des rubans satinés.
>
> Pour en faire un présent
> A Monsieur, et Madame,
>
> Pour en faire un présent
> A Monsieur le Président.

Voici les gestes :

Tous frappent sur leurs jambes en cadence, au premier mot : mon — puis dans leurs mains en disant pè-re — Ensuite les fillettes frappent leur main droite dans la main droite du garçon placé en face en chantant m'a do — puis la main gauche dans la main gauche du vis-à-vis en chantant — né.

Ils répètent les mêmes gestes, dans le même ordre en scandant les paroles de la chanson.

Tous ces jeux se font dans la classe. Au commencement de l'année, les enfants ne les connaissent pas encore tous, car quelques-uns sont difficiles à bien exécuter, mais, en avril, tous sont bien sus et les enfants les aiment beaucoup.

LE PONT D'AVIGNON

Il suffit de mentionner ce jeu, connu de longue date, et qui amuse tant les tout petits.

Dans cette ronde mimée, toutes les parties du corps sont l'une après l'autre mises en mouvement pour l'imitation des divers métiers : dames, messieurs, écoliers, garçons, filles, laveuses, repasseuses, boulangers, menuisiers, serruriers, etc

Une variante de ce jeu, consistant à reproduire les cris des animaux (bêlement, mugissement, miaulement, etc...), contribue à exercer la voix.

FARANDOLES

La farandole simple, avec objets, avec drapeaux.

Ronde autour des tables en chantant : *Nous n'irons plus au bois, J'ai des poules à vendre, Mon beau château,* etc., ou autre chose.

Ronde autour des tables : ne pas lâcher les mains, partir ensemble. S'arrêter de même : aller à droite, aller à gauche.

Une ronde à l'endroit, à l'envers, mains quittées puis reprises.

PIVOT

Les enfants se tiennent par la main à six ou huit et tournent autour d'un autre enfant qui sert de pivot. Quand on a fait le tour deux fois, celui qui marche le premier change de place avec le pivot, puis c'est le deuxième, et ainsi de suite jusqu'au dernier.

SAVEZ-VOUS PLANTER...

Savez-vous planter ou couper les blés, les choux, les foins, etc.

CHEMIN DE FER

Chemin de fer — deux rondes d'enfants marchent en sens inverse, se croisent, s'arrêtent au coup de sifflet, repartent sur deux coups de sifflet.

VIS-A-VIS

Les enfants sont placés sur deux rangs en vis-à-vis : les faire avancer en ligne la main dans la main, reculer, s'arrêter (un chant de marche), saluer.

EN AVANT-DEUX

Les enfants sont placés sur deux rangs qui se font face. Ils arrivent les uns sur les autres. Chacun prend celui ou celle qui est en face de lui. On danse ensuite deux à deux. On recommence par ceux qui n'ont pas su se coupler.

PAS ET SALUT

(Air : *la Chanson des Brises* (1), de C. Augé.)

Les enfants se donnent la main deux à deux, comme pour le pas-de-quatre.

---

(1) L'air est chanté à *bouches closes* par les filles et sifflé par les garçons : l'effet est extrêmement joli et facile à obtenir.

Du pied droit en marchant légèrement et à petits pas, pendant trois mesures.

Passer la tête sous le bras, une mesure.

Salut, une mesure.

Avec le refrain.

Les enfants restent face à face et marchent en glissant sur le côté pendant quatre mesures (deux pour les pas, deux pour le salut).

CHANGEMENT DE PLACE

(Air : *le Menteur* (1), de C. Augé.)

Les enfants se mettent sur deux files, les mains sur les épaules, et marchent légèrement en disant le refrain.

Au couplet, les enfants s'arrêtent, puis chantent en changeant de place, celui de droite passe devant celui de gauche et prend sa place en même temps que ce dernier prend la sienne.

Ce mouvement se fait en deux mesures, puis deux mesures au repos, enfin chacun reprend sa place.

Et ainsi jusqu'au refrain.

POLKA-BABY

La danse est un jeu qui plaît aux enfants, qui les charme. Les gracieux mouvements de la Polka-Baby les ravit. Cette danse se fait sous le préau au son de la mandoline tenue par une maîtresse, les enfants chantant.

Ce jeu rend le petit garçon plus doux, meilleur camarade pour la petite fille, il se sent comme son protecteur. La danse ne doit pas être trop fréquente, mais, à mon avis, c'est un très bon jeu éducatif. Les enfants mêmes le réclament, avec ceux de la balle et du cerceau.

---

(1) L'air est chanté à *bouches closes* par les filles et sifflé par les garçons : l'effet est extrêmement joli et facile à obtenir.

LE QUADRILLE DES DRAPEAUX

D'abord exercer les enfants à exécuter les mouvements qui constituent ce quadrille, puis, lorsqu'ils sont habitués à manœuvrer rapidement et avec ensemble, leur donner à chacun un petit drapeau, grand comme un mouchoir, enroulé autour d'un bâtonnet de 20 centimètres.

Pour la variété et la gaieté du coup d'œil, la maîtresse choisit des drapeaux de toutes les nations. On peut se procurer ces petits drapeaux dans les bazars ou magasins de jouets, et, à la rigueur, on peut les confectionner soi-même avec du papier.

Les exécutants du quadrille se disposent sur quatre rangs, avec, à droite de chaque rang, le « chef de file ». Tous tiennent en main leur drapeau roulé sur la hampe. Ils exécutent d'abord des « marches en avant et en arrière » ; puis, à un signal donné, tous les drapeaux se déroulent, se dressent, s'agitent, exécutent des moulinets rapides dans tous les sens, en haut, en bas, tout cela avec ensemble et rapidité. Toutes ces flammes de couleur passent, repassent et tourbillonnent.

Soudain, changement à vue ! le « carré » se transforme en file indienne. Une immense spirale ondule et se déroule au pas gymnastique, puis se scinde en quatre cercles qui s'ouvrent, se referment, réforment la chaîne. Dislocation : les chefs de file se détachent, chacun faisant face à sa rangée. C'est la queue du loup ! » Chacun des loups doit toucher de son drapeau un des drapeaux de sa file ; il passe à droite, à gauche... et les drapeaux fuyant l'ennemi suivent souvent le mouvement inverse, et, derrière le « berger » les bras étendus, la file des petites nations ondule, tantôt d'un côté, tantôt do l'autre, sur les flancs de la colonne.

En place ! sur deux lignes, vis-à-vis. Et les deux lignes se croisent, se traversent dans la classique figure des « ciseaux ». La France au milieu! Formez le cercle! tous les drapeaux se tendent vers le centre, tandis que le drapeau français flotte au-dessus de cet arc-en-ciel.

PAS-DE-QUATRE. — LANCIERS

J'ai été absolument charmée par la vue d'une trentaine de bambins dansant un pas-de-quatre. L'institutrice, qui ne disposait d'aucun instrument de musique, ni harmonium, ni piano, ni accordéon, avait composé un orchestre vraiment très agréable à entendre. Il était formé de dix garçons et de dix filles qui, les garçons en sifflant, les filles en vocalisant à bouche fermée, reproduisaient l'air du pas-de-quatre. Les petits danseurs se suivaient comme l'exige la technique de cette danse; quand ils avaient fait une fois le tour de la classe, les vingt premiers du groupe s'asseyaient à leur table et reprenaient le chant pendant que les vingt *qui avaient été « la musique »* se mettaient à l'extrémité de la file; tout cela sans désordre, mais au contraire avec un ensemble, une facilité d'allure qui était elle-même une harmonie. Il y avait soixante-trois enfants présents (c'est dire le mérite de l'institutrice qui avait organisé tout cela); le dernier groupe fut donc au 3e tour de la classe composé de onze couples et d'un enfant qui, philosophiquement, suivit ses petits camarades, sans avoir l'air ni gêné, ni contristé — je donne ce dernier détail pour répondre à une objection facile sur le nombre de ces enfants.

Dans une autre école, l'institutrice a fait apporter dans sa classe un harmonium dont les sons pleins se prêtent très bien à l'accompagnement des mouvements lents des danses de caractère. Chez cette institutrice, j'ai vu danser les lanciers; c'était dans une classe enfantine.

Les enfants étant plus grands, on avait formé trois quadrilles; les autres élèves faisaient « tapisserie », et savaient que leur tour viendrait deux jours après à l'heure du jeu éducatif, où l'on reformerait de nouveaux quadrilles; car nos bambins, comme les folles jeunes filles que la danse enivre, plus ils ont déjà dansé, plus ils demandent à danser. Et ceux-là entre autres, dont je parle, sauraient certainement rappeler à leur institutrice que c'est le jour consacré à cette gymnastique plaisante si elle venait à l'oublier.

J'ai vu d'autres jeux éducatifs ayant la danse pour base; danse des drapeaux, farandoles, etc.; et partout j'ai constaté les mêmes heureux effets : grâce souriante des visages, balancement harmonieux du corps, gestes d'une certaine élégance, port de tête favorable à la respiration; ensemble de joliesse et de puérilité qui promettait à ceux dont l'éducation était ainsi commencée, si elle pouvait être continuée, une allure aisée, de la distinction, faites certainement pour embellir la race.

En attendant ce qu'elle promet pour l'avenir, la danse ainsi comprise apporte joie et gaieté à mes chers petits, et aussi belle humeur et santé.

CHANTS

I. — *Ceux qui plaisent le plus aux enfants :*

Le petit chat.
La cerise; Le canari vole.
Mains mignonnettes; Chut.
Dame fourmi; Voici les grands froids.
A la fontaine; Dame Poulette.
Le peloton; Fleurs et papillons.
J'arrive de la plaine; Le petit bateau.
La fermière; Chacun sa maison.
On part! On part!
Où l'on trouve des fées.

La toilette de Polichinelle.
Monsieur du Corbeau.
Trotte, petit cheval, 1re partie.
Voici les grands froids, 2e partie.
Le marché, 4e partie.
La girouette, dans les douze chants.

(BRÈS et COLLIN.)

II. — *Pour les enfants les plus âgés et pour les mieux doués des petits :*

A signaler particulièrement :

L'âne; Le moineau.
Le printemps; La girouette.
Le bonhomme hiver.
En farandole.
Gai! gai! faut passer l'eau.
Feuilles mortes; A la ruche.
Pif-paf (plaît beaucoup, et peut être appris même par les petits).
La mouche; Monsieur le merle.
Soupe aux choux; Le liseron.
Le pinson; Bonne nuit.
Les noix blondes.   (BRÈS et COLLIN.)

Chanson de labour; La moisson.
Chanson de mai; Renouveau.
Vive la rose; Les petits vendangeurs.
Le réveillon; Que voulez-vous, la belle?
L'âne et le loup; Les noces du papillon.
La chanson de l'aiguille.
Le semeur; La grappe.
La danse des gorets; Matin.
Cendrillon.
La poupée: Le petit Poucet.
La bande joyeuse; Le petit Chaperon rouge.
Le roi chou.   (BOUCHOR.)

III

JEUX DE GRAND'MÈRES

Matériel de jouets. — Le Petit Poucet. — Séance de Guignol. — La morale par Guignol — Pantins — Contes aux poupées. — La poupée articulée. — Soins à la poupée. — La leçon par les poupées. —Sable. —Jeu du petit sou. — Le chat et les souris. — La bergerie. — Colin-maillard. — L'aveugle. — Quilles. — Furet. — Cache-tampon — Jeux collectifs sans rythme. — Jeux collectifs avec chants. — Le jeu de l'oie — L'âne malade. — Histoires jouées. — — Le métropolitain.—Le cheval. — Le train. — Les voyageurs. — Cerf-volant. — La grande roue. — Automobile. — L'automobile du roi.

MATÉRIEL DE JOUETS

Tout est bon pour faire jouer les enfants; mais il n'est pas nécessaire d'avoir des objets qui coûtent cher. Utiliser tout ce que l'on a :

Papiers, journaux, prospectus, images.

Graines, noyaux, marrons.

Sable.

Balles de toutes sortes. Anneaux.

Billes. Boutons.

Seaux, voiturettes. Sable.

Vieux objets de ménage.

Boîtes d'allumettes vides ou autres.

Bouchons, passe-boule.

Coquilles de noix, d'escargots, de moules, etc.

Ficelles, raphia, coton, vieux linge.

Cubes, briquettes, lattes, bâtonnets, jetons, pailles, etc.

Poupées, ménages, cordes à sauter, cuisine, objets de table.

Animaux.

Soldats.

Quilles, clochettes.

Objets pour rondes et farandoles.

Chevaux avec attelage, grelots.   (A. D.)

LE PETIT POUCET

Je ne sais pas du tout si on trouvera que mon jeu est éducatif; en tout cas, puisque l'avenir appartient « aux inventeurs », je le propose. Si on me jette des pierres, je suis si loin qu'elles ne m'atteindront pas.

Nous venons de rentrer; il est une heure et demie; il fait froid; il fait un ciel bas et gris; nous sommes glacés, et, tout de suite, je me sens, et mes marmots aussi, prise d'une douce somnolence. Vais-je dormir? Non. Il faut faire quelque chose. Quoi? N'importe, quelque chose qui nous tienne au calme, qui ne nécessite pas de ma part grand effort et oblige mes mioches à ne pas bouger.

Si on faisait de la lecture? Mais j'en ai déjà fait vingt minutes et maintenant, si je recommence, les foudres directorales vont m'atteindre. Que faire? que faire? Je troquerais volontiers mon titre pompeux « d'éducatrice » pour une idée.

Je la tiens — mais oui — je vais simplement raconter à mes enfants l'histoire du Petit Poucet. Ça ne me fatiguera pas et, si ça ne les amuse pas, ça les endormira peut-être, et moi je serai bien tranquille tout en ronronnant mon conte.

Je commence; on m'écoute, on s'intéresse, et voilà que bientôt, mes élèves et moi, nous sommes éveillés comme une nichée de souris. Et pendant que je vais, contant, contant toujours, le remords grandit en mon âme: L'horaire portait: « Exercices

de langage pour les premières quinze minutes. »
Mon conte, après tout, est bien un exercice de langage; mais, les quinze autres minutes, je devais
avoir un jeu éducatif précédé, pendant cinq minutes,
de chants et de mouvements. Eh bien, j'ai tout à
fait oublié le jeu éducatif. Que faire ? que faire ?
Et mes perplexités recommencent.

Euréka. Vous allez voir. Il y a un dieu pour les
paresseux; j'ai trouvé et j'en suis contente et mes
mioches aussi. En fait de jeu éducatif, on a joué le
Petit Poucet.

Ce qu'il y a eu de remarquable dans ma comédie, et
ce en quoi elle a le droit d'être considérée comme
un jeu éducatif, c'est que mes marmots étaient des
personnages à la manière des fantoches; je parlais
et ils exécutaient. Je disais, par exemple : « Le père
et la mère sont à table »; et j'installais deux enfants
l'un en face de l'autre, sur une table; « ils dînent »,
et les petits faisaient le simulacre de manger; « pendant ce temps leurs enfants dorment » (l'histoire ne
dit pas s'ils avaient soupé avant), et les petits désignés, couchés la tête appuyée sur la table, faisaient
à qui mieux mieux les endormis.

Petit Poucet se lève tout doucement, et celui qui
avait l'honneur d'être Petit Poucet est venu se
glisser sous la table de ses parents. Ainsi de suite.

Ah! il en a eu du succès mon jeu éducatif, je vous
l'assure bien. Je ne sais pas si vous m'approuverez,
mais mes petits m'ont donné, eux, je vous l'affirme,
leur approbation.

L'heure de la récréation a sonné que nous étions
encore plongés dans notre histoire. L'ogre est parti,
donnant la main au Petit Poucet, et nous sommes
descendus précipitamment, ayant chaud, la mine
enchantée, très contents de nous-mêmes.

Je recommencerai; seulement je mesurerai mon
temps et je n'oublierai pas les exercices qui suivent

ou ceux qui précèdent, comme je viens de le faire aujourd'hui.

Mais aujourd'hui la nature était triste et de mauvaise humeur; nous lui avons ri au nez.

SÉANCE DE GUIGNOL

Depuis bientôt deux ans, ma classe est ornée d'un superbe théâtre de Guignol avec un certain nombre de marionnettes auxquelles je fais représenter, à l'aide de très simples travestissements, les personnages les plus divers.

Ce sont principalement les scènes enfantines vues à l'école ou autour de l'école que je choisis pour mes causeries de Guignol.

Ainsi, ces jours derniers, un écolier, peu disposé à venir à l'école, flânait sur le trottoir et s'amusait à tirer les cordons de sonnette.

Bon, me suis-je dit, voilà un canevas pour la prochaine séance de marionnettes.

LA MORALE PAR GUIGNOL

Maurice n'a pas voulu manger sa soupe à midi. Il s'est même mis dans une grande colère, m'a dit là maman, et a jeté son assiette à terre.

Aussitôt rentrée, j'improvise une séance de Guignol.

Tout le monde est radieux; l'ami Guignol lui-même a l'air très heureux de rencontrer la maman du petit Maurice à qui il demande des nouvelles du bambin qu'il connaît depuis longtemps.

Mme Peinée raconte à M. Guignol la conduite de son petit garçon, elle ne lui cache rien.

Guignol veut encore bien pardonner cette fois sur la promesse que Maurice sera plus sage à l'avenir; mais il promet d'être inflexible si pareil fait se renouvelle.

Il fallait voir la figure de Maurice pour juger de

l'effet produit. Il a compris la leçon; elle lui sera salutaire, je l'espère.

J'ai une foi inébranlable dans l'efficacité des leçons données par Guignol. J'ai expérimenté bien des fois ce moyen d'attirer l'attention et de toucher le cœur : j'en suis très satisfaite et je le conseille à mes collègues.

PANTINS

Un petit théâtre avec une boîte à chapeau.

On découpe en forme de décor le fond de la boîte. On perce, au-dessus, une ouverture suffisante pour mettre en mouvement, au moyen d'un fil, des pantins de papier.

Il faut bien deux théâtres : — garçons et filles. Ces petits théâtres sont donnés aux enfants à l'heure des jeux libres; ils s'amusent à leur guise.

CONTES AUX POUPÉES

L'institutrice demande si ce n'est pas le moment de s'occuper des enfants. Il faut que je dise tout de suite que ce sont de mignonnes poupées qui ont une tête, une robe, un manteau, point de visage, et dont on ne voit ni les bras, ni les jambes — et pour cause; — dans l'ensemble, elles ont l'aspect de personnes en dominos et évoquent des idées de bal costumé. Alors méthodiquement, avec un chant pour accompagnement, on s'en va chercher les poupées; chacun a sa fille; puis alors on abandonne les enfants à eux-mêmes après leur avoir dit que leurs poupées s'étaient ennuyées d'être seules depuis si longtemps, il faut leur raconter une belle histoire, mais tout bas. Aussitôt garçons et filles prennent leur enfant dans les bras, le bercent, lui parlent. Quelques garçons, sans y mettre aucune forme, lancent la poupée en l'air; un autre campe la sienne devant lui et la regarde d'un air stupide. Évidemment, il ne sait que lui dire, ni que faire.

2.

Mais le plus grand nombre des garçons et toutes
les filles se mettent à jacasser, qui avec sa poupée,
qui avec son voisin et sa voisine. — On peut bien
aimer ses enfants, n'est-ce pas, mais cela n'empêche pas de voisiner un peu. Une délicieuse fillette
est depuis quelques instants en grande conversation
avec sa poupée; de temps à autre, un rire fuse de
ses lèvres; elle communique des choses vraiment
intéressantes à sa fille, c'est certain.

LA POUPÉE ARTICULÉE

Chacun n'a pas des chiffons pour confectionner
une poupée, mais tout le monde a deux feuilles de
papier qui donneront comme résultat non seulement
un bébé au maillot, sans membres, mais bien une
poupée ayant des pieds, des bras, et, chose plus surprenante, remuant sans difficulté, au moyen d'un
petit système bien moins compliqué que ne l'est
celui d'un jouet mécanique. De plus, en cinq minutes, le joujou est confectionné. Il s'agit simplement de rouler une feuille de papier un peu résistant
en forme de cornet. Celui-ci est rétréci au moyen
des doigts à environ 6 centimètres de l'extrémité
pointue. Ce rétrécissement, retenu par une petite
ficelle, forme le cou de la poupée surmontée de la
tête. Dans cette dernière, on marque au moyen d'un
trait noir ou d'une mince bande de papier doré, le
bord d'un chapeau pointu. D'un coup de plume, on
dessine les cheveux, les yeux, le nez, la bouche. La
tête est achevée. Reste le corps. On arrondit le cornet pour former le bas de la robe que l'on agrémente, si l'on veut, de dessins variés; puis, à la
hauteur des épaules, on perce deux trous dans lesquels passent les bras de la poupée.

Pour l'exécution de ceux-ci, je plie une feuille de
papier ordinaire en deux. Je coupe le pli obtenu
sur une certaine longueur. J'enroule sur elle-même

la feuille à droite et à gauche, jusqu'à la rencontre de la coupure et du pli marqué. J'aplatis les deux petits rouleaux, je les écarte et j'obtiens ainsi un Y. Les deux branches seront les deux bras dont les extrémités seront découpées en forme de main, et introduits dans chacun des trous percés. Dans la partie restant sous la robe, il sera facile de découper des jambes et des pieds.

Pour faire fonctionner le jouet, il suffit d'imprimer aux jambes de la poupée un mouvement de haut en bas. Les bras s'agitent. L'enfant est ravi.

J'ajoute que ce travail si simple peut être exécuté par des enfants de cinq à sept ans. Ils seront heureux de confectionner et d'offrir leurs poupées aux plus jeunes bébés de l'école. Ainsi, le travail des aînés procurera de bons moments de tranquillité et de plaisir aux tout petits.

SOINS A LA POUPÉE

Faire faire tous les jeux de poupées ; on n'a pour cela que l'embarras du choix :

Habiller.

Débarbouiller.

Coiffer.

Marcher.

Mettre à table.

Faire un oreiller avec du parfilage, un matelas, un traversin, le lit tout entier.

Coucher la poupée.

Déshabiller, plier les vêtements, bonsoir. (Deux feuilles de papier pour servir de draps.)

LA LEÇON PAR LES POUPÉES

Mme Pécher, de Bruxelles, a inventé un système d'éducation enfantine : l'éducation par la poupée.

Il y a, chez elle, un panorama déployé ; devant la toile de fond deux cents poupées représentent des personnages historiques, des scènes célèbres, et ces groupements ingénieux constituent une histoire de l'Europe des plus intéressantes et très exacte.

Les petits apprennent là beaucoup choses en souriant ; c'est une gracieuse leçon de choses.

Les poupées sont dans l'ordre chronologique, depuis les Egyptiens, les Grecs, les Romains, les Gaulois ; Froissard offre son livre à Philippe de Bourgogne ; François Ier regarde de belles dames (*sic*) ; Louis XIV est fastueux ; Louis XV tend la main à une marquise ; Napoléon Ier, du haut d'un tertre, observe l'horizon.

Et cela fixe d'une façon nette, dans l'esprit des enfants, le souvenir et le caractère des grandes époques du passé.

SABLE

Tas de sable rond, carré, haut, plat, etc., pâtés.

JEU DU PETIT SOU

Tout en chantant :

> J'ai dedans ma tirelire,
> De quoi m'amuser et rire, etc.

quelques enfants ayant un petit sou dans leur main viennent en se promenant faire choix des petits joujoux énumérés dans la chanson. Ces jouets à un sou, placés sur la première rangée de tables de la classe sont : polichinelles, fusils, bébés, ménages, ânes, etc. Chaque enfant, les sages, comme récompenses, tenant leur petit sou se présenteront devant la table à jouets, et choisiront parmi tous ces bibelots celui qu'ils préféreront. Il y aura un marchand pour chaque table, afin de contenter le plus d'enfants possible.

(Il est bien entendu que les sous prêtés par la maîtresse lui seront rendus, le jeu fini ; ainsi que chaque jouet, afin de pouvoir recommencer le jeu une autre fois. Cependant, si la maîtresse le juge à propos, elle peut de temps à autre distribuer un ou deux petits jouets.

Cette générosité encouragera les petits élèves et les incitera à l'attention.)

Ce jeu sera un bon exercice de langage puisqu'on passera en revue une multitude de joujoux, et qu'on fera employer aux enfants les diverses formes de politesse usitées dans le commerce.

> J'ai dedans ma tirelire
> De quoi m'amuser et rire ;
> Je possède un petit sou
> Qui me rend gai comme un fou.
>
> En me promenant dimanche,
> Avec ma cousine Blanche,
> J'irai chercher un joujou
> A la boutique à un sou.
>
> J'ai vu des polichinelles
> Qu'on tirait par des ficelles ;
> Un fusil à double coup
> A la boutique à un sou.
>
> J'ai vu de bien belles choses,
> Des poupards bouffis et roses,
> Des ménages d'acajou
> A la boutique à un sou.
>
> Depuis longtemps je désire,
> Et surtout n'allez pas rire,
> Un âne avec son licou
> A la boutique à un sou.
>
> En me voyant, la marchande
> Saura bien ce que je demande
> Et dira : « Tiens ! mon bijou,
> En voilà pour ton petit sou. »

LE CHAT ET LES SOURIS

La maman souris a recommandé à ses enfants de ne pas sortir ; naturellement ils sont tentés de désobéir et s'en vont jouer dehors. Un gros chat qui les guette s'empare successivement de plusieurs souris, et les autres, effrayées, se sauvent chez leur maman, qui a bien du chagrin.

C'est banal, mais ce qui ne l'est pas, c'est la joie des enfants qui sont appelés à faire ou les petites souris ou le gros chat. C'est un plaisir toujours nouveau.

LA BERGERIE

Une boîte de jouets représentant une bergerie est là sur la table. La leçon de choses vient d'être terminée et mes bambins ont besoin de se délasser.

« A quoi jouerons-nous, mes petits ? » Et ceux-ci de répondre : « A la bergerie, Madame. »

Je suis enchantée qu'ils aient trouvé ce jeu ; la leçon a donc été comprise de mes enfants, et elle les a intéressés, puisqu'ils veulent la mettre en action.

« Qui est-ce qui sera la *bergère* ?... Ce sera Jeanne, parce qu'elle est grande (elle a cinq ans), elle saura bien *garder ses moutons*. — Qui est-ce qui sera le berger ? — Ce sera Julien, parce qu'il saura *conduire son troupeau*. — Qu'est-ce qui formera le troupeau ? — *Beaucoup de petits moutons*.

« Que ceux qui veulent être des moutons viennent se mettre en rang. » — Tous mes marmots se précipitent et forment un troupeau dans toute l'acception du mot. « Arrêtez, mes chéris ! — Qui donc fera rentrer dans les rangs les petits moutons qui s'écarteront de la ligne et ceux qui s'arrêteront le long du chemin ? — *Les chiens du berger*, Madame. — Eh bien ! mes enfants, le jeu est organisé.

Jeanne, qui est la bergère, se met à la tête du troupeau et va le conduire dans la prairie pour brouter de l'herbe. Bergère et troupeau se promènent dans la cour en chantant : « Il était une bergère qui gardait ses moutons, » etc. Les chiens du berger, représentés par deux garçonnets de quatre ans, font des hou! hou! formidables, et tout mon petit monde chante : « Le bon chien. » (Mlle Brès.) Les chiens vont, viennent de la tête du troupeau à la fin, en houspillant légèrement les moutons récalcitrants. — Le berger rappelle ses chiens, Médor et Trompette ; ceux-ci sont très obéissants. Il fait reposer bergère, chiens et troupeau à l'ombre des arbres et sur un gazon imaginaire. Il compte ses moutons, il compte ses brebis, il compte ses petits agneaux et s'aperçoit qu'il lui manque l'un de ces derniers. Celui-là n'a pas écouté sa maman brebis, c'est un petit désobéissant. Le berger envoie ses chiens à sa recherche, ceux-ci aboient très fort, les moutons et les brebis bêlent pour appeler le petit agneau désobéissant, qui est entré dans le bois et s'est fait manger par le loup. — Mais voilà qu'il pleut ; les enfants frappent légèrement des mains pour imiter la pluie, puis plus fort, il tombe une grande averse ; ils frappent des pieds, le tonnerre se déchaîne et gronde. Le berger siffle ses chiens, le troupeau se reforme ayant la bergère à sa tête et l'on rentre à la bergerie en chantant : « Il pleut, il pleut bergère, rentrez vos blancs moutons », etc.

Ce jeu est bien naïf et bien simple, mais il a le charme d'être compris, même par les tout petits.

COLIN-MAILLARD

« Dans une pièce nouvellement blanchie (remplacez par le tableau de la classe barbouillé de craie), on suspendra près du mur quelque jouet, quelque petit meuble qu'il s'agira d'aller chercher sans toucher le mur. « À peine celui qui l'apportera « sera-t-il rentré, que, pour peu qu'il ait manqué à « la condition, le bout de son chapeau blanchi, le « bout de ses souliers, la basque de son habit, sa « manche, trahiront sa maladresse. »

« J.-J. Rousseau. »

L'AVEUGLE

Un béret est placé au bout de la grande baguette. Un enfant, les yeux bandés, doit l'aller prendre en partant d'un point de plus en plus éloigné.

QUILLES

Jeu de quilles, soit avec de véritables quilles, — soit avec des soldats debout et des balles de laine.

FURET

Le furet. Il court, il court, le furet.

CACHE-TAMPON

Faire chercher plusieurs enfants à la fois.

JEUX COLLECTIFS SANS RYTHME

Les marches sans obstacle :
a) A la queue leu leu ;
b) En farandole ;
c) Deux à deux.
Les marches avec objet porté (1) :
a) Objet de la main droite ;
b) Objet de la main gauche ;
c) Objet dans les deux mains.
Les marches, sauts et courses avec obstacles :
Sur le sol : raies à la craie, roseaux, planchettes, bancs. Corde tendue à une certaine hauteur.
Les marches dans les chemins dangereux :
Passer sur un banc, deux bancs, plusieurs bancs mis à la suite les uns des autres ; sauter la rigole où le ruisseau avec les mêmes bancs séparés par un espace.
Les marches, sauts, courses à la corde :
Le serpent.

---

(1) Balles, poupées, ardoises, etc.

L'imitation.
Le chemin de fer.
Les voisins.
Les souris.
Le chat.
Le loup.
Le pigeon-vole.
Le cache-mouchoir (1).
Les 4, 5, 6, 7, 8, etc., coins.
Le chat coupé.
Le chat et le rat.
Le chat et la souris.
Le colin-maillard (2) :
a) Avec changement de place;
b) En position avec travestissement;
c) A la baguette.
La ménagerie.
Le cache-objet (3).
Le corbillon (4).
La main chaude.
Les girouettes.
La mer ou la terre agitée.
Le loto (5) (1° *lettres;* 2° *chiffres;* 3° *nombres*).
Le jardinier.

---

(1) Carré de calicot noué plusieurs fois et que nous faisons laver chaque fois que cela est nécessaire.

(2) Joli masque rouge sans yeux fait avec du linon rouge et du calicot blanc, lavable comme le mouchoir noué.

(3) Un des mille riens que les enfants apportent à l'école et que nous mettons de côté lorsqu'ils sont abandonnés (avec la permission des propriétaires cependant) : animaux, objet de ménage en faïence, en porcelaine, en bois, en métal. J'ai recueilli ainsi une poupée, un agneau, un poisson, une grenouille minuscules.

(4) La plus jolie des corbeilles ou un des autres petits objets, pouvant contenir quelque chose, faits en papier par les enfants.

(5) Cartons de différentes couleurs sur lesquels nous avons collé des rectangles de papier blanc où sont dessinés les lettres et les nombres à chercher.

Les noyaux (1) : le tic toc, les pyramides, la puce, la tapette, le fleuve, le serpent, le poisson ou le colimaçon.

L'accroche-anneau (2).

JEUX COLLECTIFS AVEC CHANTS

Les marches :
1º A la queue leu leu ;
2º Deux à deux ;
3º En farandole.
Les marionnettes.

Le pont d'Avignon (ce que font les belles dames, les beaux messieurs, les menuisiers, les serruriers, les boulangers, les tailleuses, les laveuses, les repasseuses, les bicyclistes, les écoliers), etc.

Le marchand de sable.

Petit ami, veux-tu que je danse avec toi ?

La maison.

L'attelage. Viens, Riquet!

Belle rose, rose.

La girouette.

Le furet.

Le ver à soie.

Mon âne.

Savez-vous planter les choux ?

Savez-vous semer les blés, couper les foins, cueillir les cerises, etc.

Dame Fontaine.

La farandole des papillons.

Nota. — Aux chants pour les jeux collectifs s'ajoutent chaque année deux ou trois chants pour le lavabo et pour le repos, tels que : *Vive l'eau! Sur la main tremblante, la Poupée, le Moineau.*

---

(1) A la saison des abricots, les enfants renouvellent et augmentent la provision chaque jour.

(2) Le couvercle d'une caisse sur lequel nous avons cloué des crochets ; deux vis-anneaux permettent de suspendre l'appareil au mur.

LE JEU DE L'OIE

Le jeu de l'oie est presque inconnu dans nos écoles. C'est grand dommage, car, tout en amusant beaucoup les enfants, il leur apprend les nombres jusqu'à 63. Il est cependant facile de se procurer des feuilles, — elles coûtent un sou, — et de les coller sur un carton assez fort. La dépense est si petite qu'il me semble que les municipalités n'hésiteraient pas, si on le leur demandait, à l'ajouter au budget consacré aux jeux.

Il est inutile d'entrer dans le détail, la règle du jeu étant indiquée sur les feuilles.

Quand les enfants sont familiarisés avec les numéros et les scènes correspondantes, on peut transformer ce jeu de préau en jeu de plein air.

Vous préparez 63 carrés de papier sur lesquels vous écrivez en gros caractères les numéros et le nom des objets représentés ; par exemple 6 avec le pont, 19 avec l'hôtellerie, 31 avec le puits, etc. Vous fixez avec une épingle ces carrés de papier sur les murs de la cour.

Chaque joueur jette les dés à son tour sur une feuille, compte autant de points que les dés en indiquent, et va se placer à l'endroit où se trouve son numéro. Celui qui ne sait pas lire ses nombres, part du premier et compte jusqu'à ce qu'il ait trouvé le nombre voulu. A chaque fois qu'il tire, il recommence à partir du point de départ. Lorsque, par exemple, il doit passer du 16 au 17 ou au 15, il observera ou on lui fera observer qu'il lui suffit d'avancer ou de reculer d'un point. Je crois que cette gymnastique, à la fois intellectuelle et corporelle, serait très profitable aux enfants.

Ce qui faciliterait ce jeu, ce serait de dessiner les objets eux-mêmes ; les dessins sont assez simples pour que, sans être très doué, on puisse les reproduire.

JEU DE L'ANE MALADE

Ce jeu a toujours du succès auprès des enfants. Je l'emploie souvent pour les calmer pendant les dernières minutes de la journée alors qu'il est difficile de les intéresser à quelque chose et qu'un jeu les obligeant à quitter leurs places pourrait occasionner un peu de désordre.

Je prends un enfant que je place debout sur ma chaise, et m'adressant aux autres, je dis : « Voici un petit âne que j'ai acheté pour porter mes légumes au marché. Il est gentil, n'est-ce pas, voyez ses jolis yeux, ses belles petites oreilles, pas longues du tout, car c'est un petit âne intelligent et avec cela doux et mignon. Mais voilà, il lui arrive un malheur. Il a pris froid l'autre jour en revenant du marché et depuis, il a mal à la tête. » Les enfants tiennent leur front dans leur main et chantent :

Notre âne, notre âne a mal à la tête.

« Pauvre âne, heureusement qu'il y a une bonne dame qui s'occupe de lui, qui l'aime bien et qui va lui faire un bonnet pour garantir sa tête :

Notre âne, notre âne a bien mal à la tête.
Madame va lui faire un bonnet pour sa tête,
Un bonnet pour sa tête
Et des souliers lilas las-las, et des souliers lilas.

Les enfants élèvent leurs mains au-dessus de leur tête et les joignent en forme de bonnet pointu, puis ils les frappent les unes contre les autres quand ils chantent : et des souliers lilas, etc.

« Ce n'est pas tout, notre âne si gentil souffre aussi des yeux. Quel malheur ! un si bon petit âne. Il faut encore que madame le guérisse. »

Notre âne, notre âne a bien mal à ses yeux.
Madame va lui faire une paire de lunettes bleues,
Une paire de lunettes bleues
Un bonnet pour sa tête
Et des souliers lilas las-las, etc.

Les enfants refont les gestes de tout à l'heure, puis montrent leurs yeux et arrondissent leurs petits doigts devant en forme de lunettes.

Pendant ce temps je montre sur le petit âne les parties malades du corps.

« Oh ! mais, écoutez, il n'a pas de chance, notre âne, voilà qu'il se plaint maintenant d'avoir des bourdonnements d'oreilles. C'est un vilain courant d'air qui lui a valu cela, et madame, toujours bonne, va lui faire faire... oh ! le coquet ! une paire de boucles d'oreilles. »

Les enfants montrent leurs oreilles, puis les tiennent entre le pouce et l'index de façon à former des boucles d'oreilles et chantent :

Notre âne, notre âne a bien mal aux oreilles.
Madame va lui faire une paire de boucles d'oreilles,
Une paire de boucles d'oreilles,
Un bonnet sur sa tête,
Une paire de lunettes bleues
Et des souliers lilas las-las, et des souliers lilas.

(Mêmes mouvements que précédemment.) L'âne a successivement mal aux dents, madame lui fait faire un beau dentier en or ; puis au dos, madame lui fait faire un joli paletot ; puis à l'estomac, madame lui fait faire une tasse de chocolat. Les enfants montrent leurs dents, font le geste de mettre un paletot, de boire une tasse de chocolat.

Je m'adresse alors au petit âne et je lui dis : « Eh bien, petit âne, êtes-vous guéri ? Êtes-vous content de tous ces cadeaux ? » L'enfant étant satisfait, il doit, pour remercier, envoyer un baiser à tous ses petits camarades.

HISTOIRES JOUÉES

Raconter une histoire ; la faire jouer par les enfants (les fables par exemple, les contes).

LE MÉTROPOLITAIN

Plusieurs enfants passent sous les bras des plus grands qui forment voûte.

LE CHEVAL

Une longue corde tenue par plusieurs enfants.

LE TRAIN

Des rails avec des lattes. — Un train circule. Un pont ; le train passe dessus ou dessous. La gare représentée par une brique ; le train s'arrête au coup de sifflet.

LES VOYAGEURS

Chemin de fer, locomotive, wagons, voyageurs, station, croisement, accident métropolitain, billets, arrêt, sortie, départ.

CERF-VOLANT

Essais dans la cour s'il fait beau. Étalage et vente s'il fait vilain temps.

LA GRANDE ROUE

Une grande roue en carton qui tourne autour d'un bâtonnet ; y attacher des poupées et faire tourner.

AUTOMOBILE

Le chauffeur, le voyageur, la corne d'alarme, l'accident.

L'AUTOMOBILE DU ROI

Je distribue à mes élèves, dans un jeu de cartes, les rois, reines, valets (qui s'appelleront chauffeurs) et as (qui seront les petits enfants du roi et de la reine).

Quand la distribution est finie (j'ai soin que les

rois et valets échoient aux garçons), je demande que chacun me fasse voir sa carte.

J'appelle un enfant porteur d'un roi et je lui demande son nom ; il me répond : « Je suis le roi de pique, ou de carreau, etc...

— Très bien, allez chercher votre reine. »

Et le petit roi passe à travers les bancs, observant chaque carte, recherchant sa reine (ce travail développe l'esprit d'observation).

La reine, étant trouvée, vient avec son roi près de moi.

« Et maintenant, allez chercher votre petit enfant tous les deux. »

Et les voilà à la recherche de l'as correspondant à leur couleur. Quand l'as est trouvé, on amène son détenteur près de moi.

« Et maintenant, Majestés, vous plairait-il d'aller faire une promenade en automobile ? »

La réponse étant, naturellement, affirmative, le roi, la reine et le dauphin vont chercher leur chauffeur, c'est-à-dire le valet de leur couleur.

Celui-ci, qu'on m'amène aussi, met ses mains en arrière, courbant les doigts comme les garçons le font tous pour jouer au chemin de fer. Le roi met sa main droite dans la main droite du chauffeur, la reine, sa main gauche dans la main gauche du chauffeur et le petit dauphin, placé entre le roi et la reine, leur donne la main à tous les deux.

Le véhicule ainsi organisé, je donne le signal du départ et on fait en courant le tour du préau.

On peut aussi former de suite les quatre groupes des quatre couleurs : pique, trèfle, carreau, cœur, et les faire partir tous ensemble : cela fait une cavalcade.

En temps de carnaval et de mi-carême, c'est un jeu tout indiqué, surtout en le modifiant un peu. Les automobiles deviennent des chars ayant chacun

leur roi et leur reine. Quelques enfants, costumés
à bon marché avec du papier affiche, se mettent sur
le passage des « chars », et jettent des confetti
fabriqués en classe.

C'est là un cortège improvisé qui ne manque ni
d'amateurs, ni d'éclats de rire.

IV

ÉQUILIBRE

Marcher en ligne droite. — Cloche-pied. — Le crapaud. —
   Assiette pleine de sable ou d'eau. — Baguette en équilibre. — Lattes. — Dans les mains. — Sur la tête. — Le
   jeu des boîtes. — Echafaudage.

MARCHER EN DROITE LIGNE

Sur le parquet de la classe, à l'aide d'un morceau
de craie ou sur le sable de la cour, à l'aide d'un
bâton, on trace une longue ligne droite.

Un enfant est placé à l'extrémité de la ligne ; on
lui bande les yeux, et il doit marcher assez droit
pour ne pas quitter la ligne droite.

Naturellement il s'en écarte ; cependant ses petits
camarades l'aident autant qu'ils le peuvent en lui
criant : « Casse-cou ! » quand il l'abandonne. Mais
ceux dont l'esprit n'est pas réfléchi perdent absolument la tête et s'éloignent d'autant plus qu'on crie
plus fort. Il m'est arrivé de voir un enfant qui, à
force de chercher ce qu'il devait faire, tourna sur
lui-même et revint juste à son point de départ.

Ce jeu a l'avantage de ne pas échauffer trop les
petits spectateurs, et il fait un excellent jeu de plein
air, l'été, à l'ombre. Je ne dis pas qu'il engendre le
calme, mais le calme n'est pas toujours de saison à
l'école maternelle.

CLOCHE-PIED

Faire placer quatre ou cinq enfants à côté les uns
des autres.

Leur faire d'abord lever la jambe gauche.

A un signal donné ils s'élancent sur la jambe droite à un but indiqué.

Le premier arrivé obtient une prime.

LE CRAPAUD

Placer, comme précédemment, cinq ou six enfants en ligne horizontale à côté les uns des autres.

Les faire se baisser sur leurs talons, et, au signal, les faire s'élancer sans se relever au but placé à une vingtaine de pas en avant.

Le premier arrivé est le lauréat.

ASSIETTE (EN ÉMAIL OU FER) PLEINE DE SABLE OU D'EAU

(Sable pour les enfants de trois à cinq,
Eau pour ceux de cinq à six.)

Manière de procéder. — Faire tenir une assiette entre le pouce, l'index, le majeur, d'abord de la main droite, ensuite de la main gauche.

Faire faire à l'enfant le tour de la classe en courant légèrement sur la pointe des pieds.

Celui qui ne renverse pas de sable ou d'eau obtient un bonbon ou quelque autre récompense.

BAGUETTE EN ÉQUILIBRE

Mettre l'enfant au milieu de la classe et lui faire tenir une baguette de dimension moyenne d'abord verticalement sur la paume de la main, ensuite sur le bout de l'index.

Applaudissements des spectateurs pour celui qui réussit le mieux.

LATTES

Latte en équilibre sur le bout d'un doigt, puis d'un autre, et compter jusqu'à dix.

Latte en équilibre sur une autre latte.

DANS LES MAINS

Mettre dans les mains des enfants une latte ou un objet couvert de sable ou de cendre, et faire tenir l'objet sans bouger et sans répandre.

Les faire ensuite marcher, dans la classe, dans la cour.

Leur faire agiter lentement les mains.

Même exercice avec un petit gobelet rempli d'eau.

SUR LA TÊTE

Tenir en équilibre un objet sur la tête, boîte, balle latte, etc.

D'abord sans marcher, puis en marchant.

Exercice avec un seul enfant, puis avec plusieurs; aller d'un point à un autre; exécuter séparément, puis ensemble, à la file. Ceux qui iront le plus loin ou qui atteindront le but sans laisser tomber l'objet seront récompensés.   (A. D.)

LE JEU DES BOITES

L'institutrice appelle quatre enfants qu'elle fait placer au bout des quatre intervalles que forment les tables. Puis elle met sur la tête des quatre personnages une boîte en carton léger. Il s'agit de faire alors le tour de la classe sans laisser tomber la boîte. L'exercice, qui est fait trois fois par des enfants différents, a le don de passionner les spectateurs et de les immobiliser; il permet à l'institutrice des études fort intéressantes au point de vue psychologique. — Un enfant subrepticement essaie de replacer sa boîte, qui est tombée, avec l'espoir de ne pas être vu. Telle fillette, vive et gamine, la fait tomber, la ramasse à plusieurs reprises, ce qui ne l'empêche pas d'arriver triomphante jusqu'au bureau de l'institutrice, dans l'espoir d'avoir une image. Voilà un gros garçon ennemi de l'effort; la boîte, à peine sur sa tête, manque de choir; alors de ses deux mains, placées de chaque côté de la tête, il la soutient et fait tranquillement le tour de la classe. Quelques petits, nés malins, le suivent des yeux, en riant. Enfin un jeune homme de quatre ans, sage, correct, part d'un pas tranquille, sans tension apparente de volonté, sans contorsions musculaires, accomplit sans encombre la course; et il reçoit avec un calme plein de dignité l'image promise au vainqueur.

ÉCHAFAUDAGE

Superposer des briques ou cubes sans les faire tomber.

V

ADRESSE

Lancer les balles dans divers sens. — En mesure. — Balle au mur. — Balle en l'air. — Balle au ciel. — Balles en ligne. — La balle en posture. — Les petits ballons. — Carambolage. — Balle à l'assiette. — La clochette. — Corbeille. — Détroit. — Tir. — Massacre. — Le passe-boules. — Jongleurs. — La puce. — Jeu des anneaux. — Les anneaux de raphia. — Les osselets. — Les cubes. — Jeu de cerceaux. — Enfoncer un clou.

LANCER LES BALLES

Jeter les balles à droite, à gauche, en face, d'abord face au bureau, puis en tournant le dos au mur

EN MESURE

Faire sauter les balles en mesure: Un, deux.

BALLE AU MUR

Qui lancera le plus haut, le plus loin ?
La lancer; taper des mains; la rattraper.

BALLE EN L'AIR

Lancer la balle en l'air. La rattraper en disant les jours de la semaine.

BALLE AU CIEL

Ce jeu doit succéder au précédent pour changer l'attitude du corps. Dans le premier jeu, les enfants se baissent, et dans celui-ci ils ont le corps droit et la tête levée.

On trace un grand rond dans lequel se mettent les joueurs. L'un après l'autre, ils lancent la balle en l'air et la saisissent au vol avant qu'elle ait touché la terre et sans sortir du rond. Celui qui sort du rond perd son tour de jeu.

BALLES EN LIGNE

Disposer des balles à 40 ou 50 centimètres de distance.

Cinq ou six joueurs, suivant le nombre de balles placées, prennent position en mettant les pieds sur une raie qui marque la limite du jeu.

Les joueurs se placent de façon à être bien en face de la balle qu'ils veulent déplacer, car il s'agit (à l'instar du jeu de quilles) d'abattre celles-ci, c'est-à-dire de les faire rouler.

Une fois que tous les joueurs ont joué leur coup, d'autres viennent les remplacer.

LA BALLE EN POSTURE

Les joueurs sont en rond et se lancent la balle en appelant le camarade auquel ils l'envoient. Celui qui ne peut l'attraper garde jusqu'à la fin du jeu la position qu'il avait quand la balle est tombée à terre. Bientôt le rond ne se compose plus que de statues et de deux joueurs : alors toutes les statues sautent et dansent en chantant, et le jeu recommence.

LES PETITS BALLONS

Une dizaine d'enfants se placent sur deux rangs, en face les uns des autres. La distance qui les sépare varie selon leur habileté. Au commandement de : un !... ils envoient leurs ballons qui se croisent en l'air, et, au commandement de : deux! ils le renvoient. Les joueurs lanceront leurs ballons tantôt de la main droite, tantôt de la main gauche.

CARAMBOLAGE

Toucher et pousser avec une autre balle une balle posée à terre — toucher deux balles à côté l'une de l'autre.

BALLE A L'ASSIETTE

On creuse un trou dans le sable et on trace une ligne à une distance variable. Les enfants placés sur cette ligne font rouler leur balle dans le trou, en se servant alternativement de leur main droite et de leur main gauche.

LA CLOCHETTE

Au bout d'un fil est suspendue une petite clochette ou un grelot; le fil est attaché au plafond et ainsi la clochette pend toute prête à sonner au moindre choc. Les enfants ont chacun une balle en raphia, assez grosse et assez serrée; on la leur fait prendre dans leur sac à jouets; ils la tiennent tous de la main droite, se placent en file les uns derrière les autres et passent devant la clochette qu'ils essaient de faire sonner en la touchant avec leur balle, qu'ils lancent successivement.

Ils font un second tour pour frapper la clochette, mais cette fois ils se servent de la main gauche.

Ce jeu a beaucoup de succès, et quand on a appris aux enfants à marcher doucement et en ordre, le résultat est excellent, puisqu'il amuse les enfants, les habitue à avoir du coup d'œil, et cela sans faire de bruit et par conséquent sans fatiguer leur institutrice.

CORBEILLE

Jeter une balle dans une corbeille. Varier les distances.

DÉTROIT

Faire passer une balle entre deux autres posées à terre.

TIR

Jeter la balle en deçà d'une raie tracée, ou sur la raie, ou plus loin que la raie.

MASSACRE

Abattre avec une balle un objet posé sur le bureau.

Démolir de même une tour construite avec des cubes ou des briques.

Jeu de massacre avec de vieux joujoux ou de vieux objets.

LE PASSE-BOULES

Point n'est besoin pour ce jeu de ces horribles têtes à la bouche démesurément ouverte, dont le moindre inconvénient est d'habituer l'enfant à la laideur.

Il suffit d'un simple carton de 50 centimètres carrés environ, percé de trous disposés en losanges, et ayant une circonférence double de celle des balles qui doivent servir au jeu.

On fixe le carton de manière qu'il soit soutenu à droite et à gauche par deux chaises. Les enfants, munis chacun d'une balle, passent à tour de rôle devant « la cible » et jettent la balle.

Le succès ne couronne pas toujours les efforts, mais la joie est partagée par tous, et l'habileté vient peu à peu.

JONGLEURS

Jeter une balle dans un cercle tracé sur le tableau.

Jeter une balle au-dessus, au-dessous d'une corde tenue à diverses hauteurs par deux enfants.

Jeter une balle à travers un cerceau suspendu.

Un papier est tendu sur un cadre ou un cerceau; le traverser d'une balle.

LA PUCE

Anneaux. Faire sauter un anneau en appuyant sur le bord avec l'extrémité d'une latte.

JEU DES ANNEAUX

Un jeu qui a beaucoup de succès auprès des « Tout Petits » et qui est précieux par le temps de pluie, alors que les bébés restent dans la classe, est le jeu des anneaux.

J'ai découpé une soixantaine de rondelles de carton. Les bébés sont mis en file, tenant d'une main le tablier de leur camarade, et, de l'autre, l'anneau... en carton.

Deux « grands » sont chargés de maintenir une baguette à la hauteur des petits. Ceux-ci défilent en chantant, et chacun emploie son adresse à introduire, en passant, l'anneau dans la baguette. Presque tous, du reste, y réussissent. Au second tour de classe, les bébés doivent reprendre chacun un anneau. C'est un peu plus difficultueux; mais j'avoue que j'aide un peu les maladroits, afin de les voir tous sourire.

Et, comme après plusieurs tours de classe, j'allais rentrer les anneaux, quelques bébés dirent : « Encore, encore, Mademoiselle ! » J'ai pensé avec plaisir qu'ils étaient aussi heureux, sans doute, que les enfants juchés sur les chevaux de bois des Champs-Elysées, et qui eux aussi décrochent des anneaux... de fer.

LES ANNEAUX DE RAPHIA

On tend une ficelle d'un bout de la classe à l'autre, — à la hauteur d'une personne — au-dessus d'un passage possible, bien entendu.

Avant de fixer définitivement cette ficelle aux deux clous, on prend deux ou trois enfants pour attacher, — d'un nœud *simple*, — des brins de raphia de 0^m,20 de longueur, en forme d'anneaux, sur toute la longueur de la ficelle.

On place ensuite deux enfants sous la ficelle, à une certaine distance l'un de l'autre, lesquels tiennent à la main une baguette de cerceau, ou une règle, ou un petit bâton quelconque.

Au commandement de trois, ils marchent le plus vite possible en élevant la baguette pour enfiler le plus grand nombre d'anneaux, — qui se détachent facilement étant à peine noués.

Ce jeu obtient du succès en classe; il en obtient plus encore dans la cour, parce que la corde est plus longue, attachée d'un arbre à un autre arbre, et qu'il est permis de courir au lieu de marcher.

LES OSSELETS

Faire examiner un osselet et reconnaître les quatre côtés : le dos ou partie convexe, le creux ou partie concave, les plats sont les deux autres côtés.

1º Le joueur prend tous les osselets au nombre de cinq, dans la main. Il les lance en l'air et les reçoit sur le dos de la main. Dans la main gauche il tient les osselets attrapés et de la main droite il en lance un en l'air et le rattrape.

2º De la main droite le joueur lance et reçoit soit un osselet, soit une petite balle, pendant que de la main gauche il lance d'abord tous les osselets de façon à les éparpiller devant lui, puis il les relève l'un après l'autre de façon qu'ils présentent tantôt le dos, tantôt le creux, tantôt les plats.

CUBES

On distribue vingt-huit cubes à chacun des élèves, à disposer horizontalement.

Ainsi : 7 cubes à la base, mais ne se touchant pas tout à fait — au-dessus 6 cubes; le rang suivant 5, puis 4, puis 3, puis 2, puis 1; il est toujours entendu que les cubes ne se touchent pas, afin que l'édifice soit fragile.

Au-dessus du dernier cube on en place un autre vertical.

Les enfants doivent alors quitter leur place et ensuite passer entre les tables, se suivant en file indienne.

On leur remet à chacun une petite baguette et quand ils passent devant l'ouvrage qui est leur propriété, ils doivent d'un léger coup faire tomber le cube placé verticalement sans faire crouler l'édifice.

Ce jeu les amuse beaucoup et leur donne en même temps l'obligation d'acquérir du coup d'œil et de la légèreté dans les mouvements.

JEU DE CERCEAUX

Quand les enfants savent suffisamment conduire leur cerceau, on trace un chemin qui, suivant la capacité des joueurs, variera dans sa largeur de $0^m,88$ à 1 mètre. Il sera d'abord droit, puis présentera des courbes de plus en plus nombreuses et prononcées. Il faut exercer les enfants à faire marcher leurs cerceaux, tantôt de la main droite, tantôt de la main gauche. Malgré le soin apporté au choix du cerceau qui doit être à la hauteur de la taille de l'enfant, le corps fléchit un peu de côté, et un fléchissement constant pourrait occasionner des déformations.

Toutes précautions prises, ce jeu est excellent, car il exerce la vue, donne le sens des lignes et des mesures, en même temps que la course développe le corps : bras, jambes, etc.

CLOU

Enfoncer un clou à tête large sur une petite planchette, avec un marteau. — Prendre garde à ses doigts.

VI

LANGAGE

Balles. — Mouvements. — Vocabulaire. — Le jeu du corbillon. — Difficultés de prononciation. — Mon grand-père
n'aime pas... — Travail manuel.

BALLES

J'entre à la suite des enfants dans la première
section. Ils s'asseyent après m'avoir gentiment
saluée. La leçon va commencer ; c'est un exercice
de langage. L'institutrice va chercher une grande
boîte en carton remplie de balles qu'elle a fabri-
quées, aidée par les élèves.

Sur un ordre de l'institutrice, les tabliers se
tendent. — « A qui la balle rouge ? » — « A moi ! »
répond un garçon. — « A qui la bleue ? » Chacun
reconnaissant son bien le réclame et reçoit la balle
dans le tablier.

Que va-t-on faire ? « Mes enfants, dit l'institutrice,
prenez votre balle par le fil. » Les petites mains
s'agitent et voilà la balle qui se balance. — « Tendez
votre bras. » Les bras se tendent. — « Elevez votre
balle au-dessus de la tête. » Les balles s'élèvent.
« Placez-la sur la table. » Les balles sont posées
immédiatement, etc., etc.

Puis l'interrogation commence : « Henri, regarde :
où ai-je mis ma balle ? — Madame, au-dessus de
votre tête. » — « Berthe, où est placée ma balle ? —
Madame, sous la table », etc., etc.

Lorsque la leçon a duré suffisamment, les enfants
sont abandonnés à eux-mêmes, et tranquillement

ils jouissent du plaisir de tenir la balle dans leurs mains, de la regarder, de la faire sauter ou rouler sans s'occuper si elle doit aller à droite ou à gauche.

MOUVEMENTS

« Jean, donne-moi ton livre. »
Jean m'apporte son livre.

« Jean, que viens-tu de faire ?
— Madame, je vous ai apporté mon livre. »

« Berthe, lève la main gauche. »
Berthe fait le mouvement ordonné.

« Berthe, que viens-tu de faire ?
— Madame, j'ai levé la main gauche. »

« Louis, va à la porte. »
Louis se lève et va à la porte. »

« Louis, que viens-tu de faire ?
— Madame, j'ai été à la porte.

« Marguerite, va t'asseoir au deuxième banc. »
Marguerite s'assied à la place indiquée.

« Marguerite, qu'as-tu fait ?
— Madame, j'ai été m'asseoir au deuxième banc. »

« René, regarde ta chaussure et dis-moi si elle est propre. »
René fait ce qu'on lui dit.

« René, que fais-tu ?
— Madame, je regarde ma chaussure, et je vois qu'elle est propre. »

« Louise, fais-moi voir tes deux mains. »
Louise fait le mouvement ordonné.

« Louise, que viens-tu de faire ?
— Madame, je viens de lever les deux mains. »

« Pierre, rattache le tablier de Berthe. »
Pierre s'applique à rattacher le tablier.

« Pierre, qu'as-tu fait ?

— Madame, j'ai rattaché le tablier de Berthe. »

Cet exercice est excellent quand il est fait souvent, car il peut être fait rapidement. Il donne de l'animation à la classe. Les enfants espèrent toujours qu'on s'adressera à eux, et ils y prêtent une grande attention.

Je l'emploie quotidiennement dans ma classe et je m'en trouve bien, d'autant que les questions viennent en foule à l'esprit, quand on en a un peu l'habitude.

J'alterne mes questions de manière que celle qui provoque le dérangement de l'enfant interrogé soit suivie d'une à laquelle on puisse participer et répondre sans bouger de sa place.

VOCABULAIRE

Trouver les différents sens du mot bonnet.

On dit : bonnet de coton,
>   bonnet de police,
>   bonnet d'âne,
>   bonnet à poil,
>   bonnet carré,

De même pour le mot bouchon :

Bouchon de bouteille, bouchon d'une ligne, jeu de bouchon, bouchon de paille.

Les mots suivants étant prononcés, les ranger en deux catégories, d'après l'idée qu'ils désignent chaleur ou froid : gelée, bouillir, chaufferette, poêle, givré, onglée, fourneau, glace, feu, charbon, verglas, neige, bois, coke, griller, glaçon.

Faire entrer le mot *hiver* dans plusieurs phrases.

L'hiver est une des quatre saisons de l'année.

L'automne est passé ; l'hiver est arrivé.

L'hiver est la saison de la neige, de la glace et du froid.

L'hiver commence le 22 décembre.

Pendant l'hiver, les pauvres sont bien à plaindre, aussi il faut les secourir.

LE JEU DU CORBILLON

Voici comment je procède avec nos petits :

J'écris au tableau noir dix noms terminés en *on*. Pour cela, je prends de la craie blanche et j'écris le commencement du mot avec cette craie et le « on » qui termine à la craie rouge ; puis, à la craie bleue, j'écris ensuite, au hasard, dix autres noms quelconques n'ayant pas la terminaison « on ».

1°	Un	bouch	on	— un lapin ;
2°	Un	tont	on	— un poulet ;
3°	Un	cornich	on	— un chat ;
4°	Du	cot	on	— un rat ;
5°	Un	marmit	on	— un chien ;
6°	Un	poup	on	— un loup ;
7°	Un	dind	on	— un coq ;
8°	Un	potir	on	— un oiseau ;
9°	Du	cress	on	— un coucou ;
10°	De	l'amid	on	— un lézard.

Je fais ensuite apprendre les mots par cœur, je montre chacun sur le tableau quand on le prononce; les enfants le redisent avec moi plusieurs fois.

Puis le jeu commence. Et alors ce que j'attends se réalise : les enfants cherchent dans la physionomie, disons dans la photographie du mot, le son qu'il faut trouver et ainsi leurs yeux sont déjà préparés à comprendre certains sons et leur vocabulaire s'est augmenté d'une vingtaine de mots ; et cela d'autant mieux que j'ai pris le soin d'expliquer ce que c'est qu'un corbillon, ainsi que le sens des autres mots que je leur fais apprendre. Pour cela, je me suis appuyée sur une idée de Mme Kergomard qui, à propos de lecture, dit qu'il ne faut pas attarder trop l'enfant à décomposer les mots, qu'un enfant peut très bien apprendre tout de suite le son du mot composé « est » ou « ait », etc.

Les enfants ont vite compris le jeu, et voilà un exercice de langage qui, je vous assure, ne les endort pas.

Quand nous avons épuisé le son « on », je prends le son « ou ».

Je remplace la phrase : « Je vous vends mon corbillon, qu'y met-on ? » par : « J'ai un sou, que me donnerez-vous ? » Naturellement ma liste est formée de noms terminés en *ou*.

Puis nous prenons le son *eau* et je dis : « Je vais sur l'eau, que mettrez-vous dans mon bateau ? »

Et ceci, avec un peu d'imagination, peut se varier à l'infini.

DIFFICULTÉS DE PRONONCIATION

Je suis entrée un jour dans une école qui était bien laide, bien noire ; le temps était triste et moi-même je subissais l'effet de l'ambiance : je me disais que c'était bien dommage d'enfermer de pauvres petits dans de si tristes bâtiments. Je n'ai point encore changé d'avis sur ce point et n'en changerai pas ; mais je puis affirmer au moins qu'au moment où j'ai pénétré dans une des classes, j'ai perdu de ma morosité.

De grands éclats de rire secouaient tout le petit monde qui la peuplait et l'institutrice riait de bon cœur aussi.

Pourquoi ? de quoi ? Oh ! c'était bien simple :

La jeune institutrice qui était là et qui faisait la classe à des enfants de six à sept ans, avait inventé comme exercice de langage de faire dire à ses élèves de ces phrases construites exprès pour embarrasser la langue quand on les prononce rapidement.

En voici quelques-unes :

« Six petites chemises fines.

Ton thé t'a-t-il ôté ta toux ?

Un bon gros gras bras blanc.

Combien ces six saucissons-ci ? C'est six sous ces six saucissons-là. »

Les enfants qui avaient dit d'abord très lente-ment ces phrases, qu'on leur avait bien expliquées, avaient été invités à les redire très rapidement, et ils avaient vite compris le jeu, car c'en était un, — utile et passionnant à coup sûr.

Utile, car les efforts de volonté, sur quelque objet qu'ils s'exercent, ne sont jamais stérilés ; passion-nant, car chacun s'efforçait avec un sérieux très grand de reproduire la phrase en question.

MON GRAND-PÈRE N'AIME PAS...

Le jeu du corbillon adapté aux besoins de notre école maternelle m'a remis en mémoire le jeu à peu près pareil qui débutait par cette phrase : « Mon grand-père n'aime pas les O. »

Voici comment je me suis inspirée du corbillon, pour cet autre jeu.

J'ai fait une liste de dix noms, ne contenant pas d'o : plume, table, encrier, papier, main, bras, jambe, parquet, sable, pelle. Je les ai écrits à gauche du tableau ; mes bambins les ont bien répétés.

Puis j'ai écrit dix mots contenant des o, à la droite du tableau, en ayant soin de détacher l'o de chaque mot en l'écrivant avec de la craie de couleur : mar-mot, bobo, plafond, doigt, ongle, œil, mot, droite, soin, couleur. Les enfants les ont appris par cœur en les regardant bien.

Et je posais cette question : « Je n'aime pas les o, que me donnerez-vous » ? Ou bien, « je voudrais des o que me donnerez-vous » ?

On cherchait à gauche ou à droite du tableau et mes grands tombaient très souvent juste.

TRAVAIL MANUEL

En ce moment, nous avons à notre disposition des catalogues très intéressants pour nos petits : ce sont ceux des expositions de blanc. J'en ai demandé un certain nombre aux différents magasins; les enfants m'en ont apporté quelques-uns; j'ai choisi ceux qui avaient encore leurs bandes afin d'éviter toute contagion.

Je distribue à chaque enfant 1 ou 2 feuilles de catalogue; les uns sont en extase devant les beaux draps Richelieu: les autres admirent les chemises avec les belles dentelles; d'autres, les rideaux; la page spéciale des broderies n'est pas oubliée; elle a charmé les petites filles; elles sont déjà coquettes ! les petits garçons ont leurs chemises avec des faux-cols, leur rêve !

Et vite, à l'ouvrage. Chaque enfant découpe, très adroitement, avec ses petits doigts, les objets qui sont sur sa feuille et nous formons ainsi des comptoirs comme dans les magasins. A la tête de chacun, je mets soit un garçon, soit une fille; j'ai ainsi 20 chefs de rayons qui vont vendre aux autres enfants. Et quelles conversations amusantes ai-je entendues en me promenant dans les différents groupes !

Les enfants ont ramassé leurs papiers et sont partis enchantés de leur après-midi; si heureux que le lendemain ils m'apportaient de nouveaux catalogues.

VII

LES MÉTIERS

Poste. — Lettre. — Boîte aux lettres. — Le facteur. — Attelage. — Le loueur de voitures. — A dada. — Les pompiers. — Le marchand d'animaux. — Le jardinier. — Fleurs. — Marchande de fleurs. — Épicier. — Marchand de journaux. — Jeu des couleurs. — Maçons. — Charpentiers. — Serruriers. — La laveuse. — La repasseuse. — Col et cravate. — Cireur de chaussures. — La chasse. — Le chasseur. — La pêche. — Le sciage du bois. — Le jeu du blé. — Poids et mesures. — Cornets. — Empaquetage. — Le mètre.

POSTE

Matériel. — Enveloppes préparées par les enfants pendant une leçon de travail manuel.

Petites feuilles de papier pliées en deux (papier à lettre).

Bandes de papier de couleur, séparées en petits rectangles de la grandeur d'un timbre qui se tiennent encore par un angle. L'envers de la feuille est au préalable enduite de colle que je laisse sécher (timbres).

Une boîte avec son couvercle, dont l'un des côtés est fendu, représente la boîte aux lettres.

Un sac en étoffe (sac du postier).

Boîtes avec une ficelle pour les passer autour du cou (boîtes des facteurs).

Personnages. — Correspondants. Employés de la poste (2, 3 selon le nombre d'élèves de la classe). Facteurs. Postiers.

Jeu. — Chaque personnage a son matériel : les correspondants, leur enveloppe et leur papier. Les employés, leurs timbres. — Les facteurs, leur boîte. Le postier, son sac.

Nous commençons par écrire notre lettre, c'est là le point difficile. Chaque enfant griffonne quelque chose, presque toujours incompréhensible. Une fois notre lettre écrite, nous la mettons dans l'enveloppe et nous mettons l'adresse. Toutes les lettres vont dans le même pays, cela pour faciliter le jeu.

Maintenant que notre lettre est écrite, qu'allons-nous faire? Aller à la poste. Nous partons et allons trouver les employés de la poste, installés à une table avec leurs timbres. Chaque enfant demande son timbre, paie et sort. Il colle son timbre, met la lettre dans la boîte disposée à cet effet à côté des employés et retourne à sa place.

Quand toutes les lettres sont déposées dans la boîte, le postier les prend et les met dans son sac, puis les porte à la gare, où elles seront remises dans le train qui les portera à la gare de l'endroit désigné.

Comme le jeu est un peu long à exécuter et à préparer, je le fais en deux jours. Les enfants de cette façon comprennent mieux les services de départ et d'arrivée de la lettre et ne les confondent pas, puisqu'ils se font ainsi distinctement.

Le second jour, un postier va chercher les lettres à la gare, les apporte au bureau de poste. J'explique alors comment et pourquoi on oblitère les timbres, puis les lettres sont remises aux facteurs qui vont les distribuer.

Ce jeu intéresse vivement mes petits élèves. La diversité des actions maintient leur attention en éveil, éloigne la monotonie et donne satisfaction à leur grand besoin d'activité.

LETTRE

A la leçon du travail manuel, j'ai distribué des feuilles de papier à nos petits élèves et nous leur

avons fait confectionner des enveloppes. Ensuite,
après leur avoir donné une seconde feuille et la
leur avoir fait plier en quatre, nous la leur fîmes
soigneusement glisser dans l'enveloppe. La leçon
terminée, ils ramassèrent le tout dans leur pochette
à ouvrage, car le lendemain nous devions leur faire
une causerie sur « la lettre, son enveloppe et le
facteur ».

L'heure de la leçon arrivée, les enfants mirent
tous leur enveloppe devant eux.

— Ce matin, dis-je à mes petits élèves, j'ai reçu
une lettre : la voici. Savez-vous qui me l'a apportée?

— Le facteur.

— Henri, dans quoi cette lettre était-elle enfermée?... Tu ne sais pas? Regarde ce qui est sur la
table; que vous ai-je fait faire hier au travail
manuel?

— Une enveloppe.

— Bien; ma lettre était enfermée dans une enveloppe, que voici.

Renée, en quoi est cette enveloppe?

— Cette enveloppe est en papier.

— De quelle couleur est-elle?

— De couleur blanche.

— Et les vôtres, comment sont-elles?

— Elles sont roses.

— De quelles couleurs pourraient-elles encore
être?

— Bleues, vertes, grises, violettes, noires ou
blanches.

— Quelle forme ont nos enveloppes?

— Elles sont carrées.

— Maintenant, retirez vos petites lettres de leurs
enveloppes. Bien; remettez-les et cachetez-les,
c'est-à-dire fermez. Pour cela, qu'allons-nous faire?

— Mouiller l'endroit où il y a de la colle, replier
et appuyer.

— Mais les vôtres n'ont pas de colle et nous ne voulons cependant pas les laisser ouvertes ; aussi, je vais donner des pains à cacheter avec lesquels vous fermerez bien votre enveloppe.

Voici qui est fait, et très proprement, c'est bien.

— Mais que peut-il bien y avoir d'écrit sur la mienne, Marguerite ?

— Mademoiselle, c'est votre adresse.

— De quoi se compose une adresse ? Par exemple, je veux envoyer une lettre à Marguerite Bruyère, qu'écrirai-je sur l'enveloppe ?

— Son nom.

D'abord le mot « Mademoiselle », pour être bien poli, puis son petit nom « Marguerite » et son nom de famille « Bruyère ».

A présent, le nom de la rue où se trouve sa maison.

— Rue S...

Le numéro de sa maison.

— N° 4.

Puis le nom de la ville qu'elle habite.

— Quelle est la ville ?

— S...

Et enfin le département.

— M...-et-L...

— Tiens ! que vois-je dans le coin, à droite de l'enveloppe ?

— Un timbre.

— Où achète-t-on les timbres ?

— Dans les bureaux de tabac.

— Combien donnez-vous de sous pour avoir ce timbre ?

— Deux sous.

— Oui, ou dix centimes, c'est la même chose.

— Comment le fixerez-vous sur l'enveloppe ?

— Il faut le mouiller.

Oui, il faut mouiller l'envers du timbre où se

trouve de la colle et vous l'appliquez en haut, à
droite de votre enveloppe. — Montrez votre bras
droit. — Montrez le coin droit de votre enveloppe.
— Bien.

Donc, pour envoyer une lettre, que faisons-nous?

Nous mettons notre lettre dans l'enveloppe, —
comme ceci. Nous fermons l'enveloppe, puis, sur la
partie lisse, nous écrivons le nom de la personne à
qui nous l'envoyons. Mlle ou Mme ou M. R. C..., le
nom de sa rue, le numéro de sa maison, le nom de
sa ville et de son département.

— Nous mettons un timbre de dix centimes... et
où portons-nous la lettre?

— A la poste.

Avec leur travail devant leurs yeux, et grâce à
leur vive imagination, ils se persuadèrent tout à
coup avoir réellement fait une lettre, et se croire
capables d'avoir pu accomplir un tel travail les
rendait tout heureux.

Puis cette leçon éveilla en eux un sentiment affec-
tueux. Ils pensèrent à envoyer leur lettre à une
personne que leur petit cœur affectionnait. C'est
ainsi que les uns et les autres venaient à moi avec
des figures joyeuses et qu'ils me disaient : « Mademoiselle, j'enverrai ma lettre à grand'mère; elle
sera bien contente!... — Moi, je l'enverrai ce soir à
maman pour sa fête, etc. »

Moi, j'étais tout heureuse de voir que cette leçon
les avait rendus si contents et qu'elle avait pro-
voqué chez eux une idée généreuse : celle de faire
plaisir.

BOITE AUX LETTRES

Sur le bureau est installée une boîte en carton,
sur l'un des côtés de laquelle est pratiquée une
ouverture horizontale : ce sera la boîte aux lettres.

Un peu plus loin, une toute petite boîte plate et

dedans une plaque de feutre qui nous servira de tampon, et un cachet.

Enfin, une troisième boîte ouverte assez grande et suspendue à une ficelle.

— Allons, mes enfants, puisque vous êtes bien sages et que vous avez un tel désir d'envoyer vos lettres, nous allons jouer « *à la poste et au facteur* ».

« Ici, sera le bureau de tabac et Marcelle sera la petite marchande de timbres. (Dans une boîte, j'avais mis tous mes vieux timbres.)

« Allons, venez en rang acheter, l'un après l'autre, un timbre à la marchande et donnez-lui une pièce de dix centimes ou deux sous (représentée par un jeton); puis, mouillez votre timbre sur la petite éponge humide que voici ; ensuite, jetez votre lettre par cette petite ouverture dans la boîte aux lettres.

« Et vous, monsieur l'employé de postes, faites bien votre service et timbrez-nous lestement toutes les lettres qui tomberont sur le bureau. »

En même temps, j'installe un de mes petits bonshommes, le plus intelligent et le plus vif; près du bureau et lui explique comment il faut taper avec le cachet sur le tampon, puis, ensuite sur le timbre; après quoi il jetait toutes les lettres dans la grande boîte ouverte.

Lorsque tous mes petits eurent fait le tour, je les fis asseoir tranquillement à leur place, et, à ce moment, j'appelle celui de mes petits élèves qui sait le mieux diriger les jeux et qui jouit d'une voix claire et forte.

Je pris la boîte où se trouvaient toutes les lettres, la mis devant l'enfant et lui passai la ficelle en bandoulière.

« Maintenant, Charles, tu vas faire comme le facteur que tu vois passer tous les jours dans la rue. Tu vas passer dans toutes les tables en commençant par Albert; tu t'arrêteras devant chaque petit camarade, tu prendras une lettre, puis tu crieras le nom de celui qui est devant toi et tu la lui remettras. »

Ainsi fut fait. Il y eut bien quelques discussions; mon facteur se trompa plusieurs fois de nom, mais cela mit en gaieté mes petits élèves, et ce jeu eut plein succès. Heureux et fiers étaient les chers petits d'avoir mis eux-mêmes une lettre à la poste et d'en avoir reçu une.

Demain, peut-être, devront-ils mettre ce jeu en pratique. Dans tous les cas, si leur maman a besoin d'eux pour une circonstance semblable, ils ne seront pas empruntés.

LE FACTEUR

La classe simule la ville, la partie de la ville la plus connue des enfants, celle où se trouve l'école.

Les tables sont des maisons.

Chaque enfant, un propriétaire ou un locataire d'une maison connue.

Les passages entre les tables sont les rues, les plus grandes allées simulent les avenues; le bureau, la place la plus importante.

Un enfant, le plus alerte, représente le facteur. Il est muni d'une longue boîte de carton, qu'il porte à son côté; elle est fixée à ses épaules et à la taille par une ficelle.

A l'intérieur de la boîte sont disposées des enveloppes et des lettres, des prospectus, des journaux.

Puis la distribution commence.

Le facteur va de table en table, distribue ses lettres en appelant le nom du destinataire.

Chaque enfant reconnaît d'où lui vient la lettre et l'annonce : c'est ma tante qui m'écrit, c'est ma marraine.

ATTELAGE

Je prends un gros bouchon, de bouteille à limonade de préférence, je fais quatre entailles dans

lesquelles j'introduis des bâtons d'allumettes effilés.
Voilà les pattes et le corps d'un dada (cheval ou
âne) à la volonté du bébé; un autre bout d'allumette
simulera la queue. Il faut une tête à notre animal;
un second petit bouchon plus petit nous servira à
merveille.

Dans ce bouchon, je fais trois entailles; dans
l'une, j'introduis l'une des extrémités d'un petit
morceau d'allumette; l'autre extrémité, enfoncée
dans le gros bouchon, maintiendra la tête sur le
corps; dans les deux autres entailles, je plante deux
petits bouts d'allumettes, voilà les oreilles. Notre
dada est bien constitué, mais il lui faut un cavalier.

Un gros bouchon, un peu effilé d'un bout, avec
deux allumettes pour les jambes, deux pour les bras,
voilà le corps que je réunis à la tête (formée d'un
petit bouchon) par un bout d'allumette (le cou).
Deux points noirs, une ligne verticale, une horizontale, voilà les yeux, le nez et la bouche du bonhomme. C'est tout ce qu'il faut pour contenter un
bébé. Les jambes du cavalier suffisamment écar-
tées, l'enfant pourra le mettre à califourchon sur le
dos du dada.

La promenade terminée, on attellera le cheval à
une gentille voiture peu coûteuse et vite faite.
Quatre rondelles taillées dans de gros bouchons et
réunies deux à deux par une allumette, voilà les
roues; une carte de visite repliée de chaque côté,
voilà le plancher et les côtés de la charrette. Je fixe
le milieu de la voiture au milieu des allumettes par
un point. Veut-on une voiture couverte? Une carte
de visite recourbée, retenue par quatre points aux
côtés de la voiture, sera la bâche.

J'attache la voiture au cheval par un fil, voilà un
attelage qui fera la joie de nos bébés petits et
grands.

LE LOUEUR DE VOITURES

Lorsqu'il fait beau, et que nous pouvons rester dans la cour un peu plus longtemps que de coutume, le jeu du « loueur de voitures » charme aussi mes bébés.

Des boîtes à sucre tiennent lieu de voitures. Les « ouvriers » viennent avec moi dans la classe chercher leurs véhicules. Ils procèdent au nettoyage et les alignent sous le hangar (espace limité par les bancs). Il est entendu que nous sommes très bien achalandés : voitures de promenade, fiacres, chariots, camions, voitures de déménagements, wagons, etc.

Lorsque tout est prêt, les clients arrivent, et chacun demande la voiture dont il a besoin : « Je vais livrer de grosses caisses. Donnez-moi le camion. »

« J'ai une course très pressée à faire. Je voudrais bien le fiacre. »

« Je vais me promener avec mon papa, ma maman et toute ma famille. Je vais prendre l'omnibus. »

« J'ai du sable à mener sur l'avenue. Il me faut le chariot. »

Comme nous avons de nombreux et agréables « commis », nos « clients » sont vite servis, et chacun d'eux part content avec la voiture demandée.

Chaque bébé fait le tour de la cour avec le véhicule de son choix. Il doit le ramener au loueur de voitures en bon état. Puis les ouvriers nettoient de nouveau le matériel, remettent tout en place et rentrent chez eux contents d'avoir bien travaillé.

A DADA

Les jeux les plus simples et les plus anciens sont, après tout, les plus amusants. La joie que manifeste le bébé à califourchon sur un bâton, voire sur un manche à balai, fait plaisir à voir. Permettez donc à vos garçons d'enfourcher un bâton et de jouer aux cavaliers. Si vous voulez organiser ce jeu, rien de plus simple. Prenez une baguette de jonc à l'extrémité de laquelle vous attachez une ficelle. Voilà le jouet. Ornez la tête du cheval d'un pompon ou d'une rosette, fixez un peu plus bas une ficelle formant boucle et servant de bride, et, si vous désirez compléter l'équipement de vos cavaliers, coiffez-les d'un chapeau de gendarme.

Et en route ! A la queue leu leu, ou deux à deux, vos cavaliers font le tour de la cour en chevauchant joyeusement sur leurs montures.

LE JEU DES POMPIERS

Le bureau est l'avertisseur d'incendie (explications sur l'utilité du téléphone). Un enfant vient réclamer du secours. Dialogue entre cet enfant et celui du bureau des pompiers. On attelle les chevaux ; la course ; départ immédiat, mais organisé, des pompes et accessoires, échelles, tuyaux, lance, etc. Trompe d'avertissement sur le parcours (pimpon, pimpon). Arrivée sur le lieu du sinistre ; mise en mouvement des pompes avec bruit imitatif. Retour à la caserne avec trompe, et chacun à sa place.

LE MARCHAND D'ANIMAUX

Ce jeu a l'avantage que tous les enfants y ont un rôle actif.

Un des enfants, le plus dégourdi de tous, est le marchand. Un autre l'acheteur. Tous les autres enfants, rangés l'un après l'autre le long d'un mur, figurent les animaux.

Le marchand envoie l'acheteur faire un petit tour de promenade, et il profite de cet éloignement pour distribuer à demi-voix, aux autres enfants, des noms d'animaux. Il peut y avoir plusieurs animaux du même nom, surtout lorsque les enfants sont nombreux.

La distribution achevée, un vigoureux « Ça y est » avertit l'acheteur qu'il peut venir. Il arrive et fait semblant de frapper à une porte : Pan ! pan ! pan ! Puis il appelle : « Marchand d'animaux ! » Celui-ci répond : « Quelle bête voulez-vous ? — Un cheval. »

Tous les enfants qui ont reçu le nom de cheval se détachent du mur et suivent l'acheteur, gambadant, cabriolant, se cabrant à qui mieux mieux, et hennissant de tous leurs poumons.

L'acheteur conduit les animaux qu'il vient d'acheter dans un autre coin de la cour, et revient vers le marchand.

Cette fois, il demande des souris. Les enfants-souris suivent de nouveau l'acheteur en trottinant à pas menus et faisant entendre de petits hi ! hi !

Puis l'acheteur, je suppose, désire des chiens.

Ceux-ci le suivent encore en poussant de furieux aboiements et s'élançant les uns contre les autres comme pour se mordre.

Puis ce sont des bœufs qui mugissent longuement et vont d'un pas traînant.

Puis des chats, des ânes, des moutons, voire même des grenouilles, qui ne sont pas les moins amusantes avec leurs bonds et leurs cris déplaisants.

Il est une façon de varier ce jeu. Un jour on ne donne que des noms d'animaux domestiques quadrupèdes. Une autre fois, ce sont les oiseaux de basse-cour, de volière ou des bois. Rien de plus facile que d'imiter la démarche et le cri du coq, de la poule, du poulet, du dindon, du paon, du canard, etc.; du coucou, du merle, du moineau, de l'alouette, etc.

Un autre jour, on jouera aux animaux sauvages; je conseille de n'imiter ici que les démarches, car, pour les cris, peut-être seriez-vous, comme moi, parfois très embarrassées.

Il va sans dire que les enfants doivent toujours connaître, au moins d'après les gravures, les animaux qu'ils doivent représenter.

Quelques remarques pendant le jeu ne seront pas déplacées; par exemple, tel animal a tel genre de démarche pour telle raison. Les explications, qui, pour ne pas nuire au plaisir du jeu, doivent être très courtes, seront retenues beaucoup plus sûrement que pendant une leçon; sans compter que le jeu constitue, pour les petits et même pour les grands, un excellent exercice d'observation.

LE JARDINIER

Planter des fleurs ou des branches sur un tas de sable. Simuler le jardinier.

FLEURS

Une leçon a été faite la veille dans la classe « sur les fleurs ». L'institutrice a apporté pas mal de variétés de fleurs. Le lendemain elle fait jouer les enfants aux marchands et à la marchande de fleurs. Il faut que les enfants vendeurs connaissent bien le nom de chaque fleur; il faut aussi que les petits acheteurs disent les couleurs de la fleur ou fournissent un détail quelconque pour obtenir la fleur qu'ils souhaitent. Cela m'a paru être agréable aux enfants et servir à leur éducation : langage, développement des facultés d'observation.

MARCHANDE DE FLEURS

Les enfants achètent des fleurs en papier, retournent à leur place, en font un bouquet enveloppé avec du papier, attaché avec du laiton.

Étalage sur le bureau.

ÉPICIER

Les mesures, les balances. Faire des paquets,

payer, faire parler haut les acheteurs ; les garçons sont les épiciers, les petites filles les acheteurs.

Tous les métiers de même avec les objets qui leur sont propres.   (A. D.)

MARCHAND DE JOURNAUX

Un enfant apporte un paquet de feuilles de papier rectangulaire qui représentent les journaux. Le marchand les plie comme des journaux. Les clients arrivent et achètent.

JEU DES COULEURS

Quelques enfants reçoivent des papiers de couleur. Ils les cachent. Viennent les acheteurs. Quand l'acheteur demande une couleur, l'enfant qui l'a se sauve, poursuivi par l'acheteur. Même jeu avec des animaux.

MAÇONS

Les maçons construisent les maisons, les murs, etc. Ils se servent de pierres, de plâtre, de chaux.

Leurs instruments de travail sont une auge, une truelle, etc.   (A. D.)

CHARPENTIERS

Les charpentiers scient, frappent avec la hache, avec le marteau.

SERRURIERS

Les serruriers apprennent à tourner le bouton de la porte, la clé à droite, à gauche; le pêne, la gâche. Imitons la lime sur la gâche avec une latte.

LA LAVEUSE

Tremper le linge, savonner, battre, frotter, rincer, étendre, sécher, faire dire les mots en faisant les gestes.

LA REPASSEUSE

Un cube sert de fer. Un papier froissé est repassé et plié. Chanter le *Pont d'Avignon* : « Les repasseuses font comme ça. »

COL ET CRAVATE

Le col et la cravate (de poupée). On coupe des bandes de papier rose ou bleu, longues de cinquante centimètres environ, larges de deux doigts — (du papier dont on fait les fleurs). On distribue une bande par table de deux enfants. L'un tend à l'autre enfant ses deux index rapprochés, autour desquels ce dernier passe, soigneusement, la bande qu'il attache d'un nœud d'abord, avec deux larges boucles à pans ensuite.

Cela forme bien, en effet, un col et une cravate (ne pas chiffonner la bande, et tendre bien le col avec les deux index).

LE CIREUR DE CHAUSSURES

Les clients passent. Avec une brosse, la maîtresse montre comment on fait le nettoyage. Les enfants imitent avec du papier ou des chiffons. — Conversation : boue, propreté ; indiquer les opérations successives.

LA CHASSE

Un enfant désigné est le chasseur.
Un deuxième le garde-chasse.
La classe simule le bois.
Le garde-chasse attribue à ses petits camarades des noms d'animaux susceptibles d'être chassés : lapin, lièvre, perdrix, faisan, alouette.
Le chasseur s'approche du garde-chasse et lui dit : « Monsieur, je voudrais attraper un lièvre. »
L'enfant, qui a été désigné pour être le lièvre,

s'échappe de sa place et le chasseur court après
lui.

Remarque. — On peut, pour ce jeu, faire apprendre un petit air de chasse que tous les enfants chantent pendant la chasse.

LE CHASSEUR

Tous les joueurs prennent un des noms des accessoires du chasseur : cartouche, carnassière, guêtres, fusil, chien, etc.

S'ils sont dans la cour, ils choisissent chacun une place déterminée ; s'ils sont au préau, ils s'assoient sur un banc. Le chasseur seul reste debout. Il appelle l'un après l'autre tous les joueurs qui viennent se mettre derrière lui et se tiennent par le pan de leur tablier. Quand ils sont tous auprès de lui, le chasseur leur fait faire deux ou trois fois le tour du jeu en criant : En chasse ! puis s'arrête brusquement en criant : Feu ! Tous les enfants, y compris le chasseur, s'élancent et tâchent de retrouver une place. Celui qui n'y parvient pas devient le chasseur.

On pourrait faire le même jeu en donnant aux enfants les noms des accessoires du pêcheur, par exemple : ligne, bouchon, filet, etc. Au lieu de crier, le pêcheur fera des gestes, et c'est en marchant sur la pointe des pieds qu'ils feront le tour du jeu. Il faut faire le moins de bruit possible pour ne pas effrayer les poissons.

LA PÊCHE

Poissons qui ont un anneau à la gueule. Avec une ligne (tige, ficelle, crochet assez gros), les attraper.

LE SCIAGE DU BOIS

Les fillettes sur un rang, les garçons sur un autre, sont face à face. A un signal, les mains se croisent la main droite de la fillette dans la main droite du garçon, la main gauche du garçon dans la main gauche de la fillette.

Tous font le geste du scieur en chantant.

> Scions, scions, scions du bois
> Pour la mère, pour la mère ;
> Scions, scions, scions du bois
> Pour la mère du p'tit François.

A un signal, les enfants se tournent le dos et font le sciage du bois le dos tourné, ce qui est plus difi-cile.

Nouveau signal, les enfants se retrouvent face à face et recommencent.

LE JEU DU BLÉ

Toutes les maîtresses d'école maternelle connaissent ce chant mimé. Il résume les différentes opérations de la moisson : semailles, fauchage du blé, liage des gerbes, chargement des voitures, battage, vannage, puis enfin vente du blé. Chaque couplet s'accompagne du geste inhérent à l'opération énoncée.

C'est au refrain que j'ai songé à introduire une petite nouveauté. Jusqu'à présent, les enfants se contentaient de chanter ce refrain en frappant galement les mains l'une dans l'autre. J'ai pensé apporter plus d'entrain et de gaieté dans ce refrain en remplaçant le battement des mains par des danses faciles. Le chant n'en serait que plus attrayant.

1er refrain. — Chaque garçon tenant de la main droite la main gauche de la fillette, les couples élevant leurs mains unies pour former des arceaux, font le tour de la cour ou du préau en sautant sur un pied et sur l'autre.

Ils reviennent ensuite à leur point de départ.

(J'omettais de dire que, pour jouer plus commodément, les enfants doivent être placés sur deux rangs, un rang de garçons, un rang de fillettes. Si les élèves sont quelque peu nombreux, on peut, au lieu de former deux lignes droites, faire des demi-cercles ou même des ronds. Dans ce cas, la maîtresse s'arrange pour le mieux. Le principal c'est que chaque garçon puisse prendre facilement sa fillette.)

2e refrain. — Un garçon, une fille. Tous placés ainsi l'un à côté de l'autre se donnent la main et forment une farandole, en glissant le pas toujours du même côté. On fait ainsi un tour de cour et on revient au point de départ.

3e refrain. — Les garçons forment une ronde intérieure ; les fillettes une ronde extérieure. Les garçons tournent dans un sens, les filles dans le sens opposé.

4e refrain. — Le garçon, tenant de la main droite la main gauche de la fillette, chaque couple, danse sur place une polka, en faisant un pas à droite, un pas à gauche.

5e refrain. — Galop, deux à deux, autour de la cour.

6e refrain. — Les garçons, faisant face aux filles, exécutent un chassé-croisé. Aux deux premières mesures, les garçons prennent la place des filles, et vice versa. La troisième mesure pour le salut. Et ainsi de suite jusqu'à la fin du refrain.

7e refrain. — Faire une ronde générale avec le plus d'entrain possible.

POIDS ET MESURES

Avec un mètre, mesurer la table, le mur, la porte la fenêtre, etc.

Peser des légumes, toute marchandise qui se vend au poids. — Expliquer la balance.

Mesurer au litre ou avec ses sous-multiples ce qui se vend liquide ou à la capacité (graines, sable, etc.). (A. D.)

CORNETS

La maîtresse a dans un sac des haricots, des pois, des lentilles, des fèves. Les enfants en reçoivent chacun une poignée et trient les graines de même nature; ils les mettent dans des cornets qu'ils ont faits eux-mêmes.

EMPAQUETAGE

Envelopper un objet, faire un paquet, l'attacher avec une ficelle, le renvelopper. Deviner ce qu'il y a dedans. — Envelopper de même un jouet de telle sorte qu'on n'en voie aucune partie.

Mettre en paquet cinq lettres, dix lettres; ficeler, ranger à droite, à gauche; porter le paquet au magasin, à la cuisine, à la poste, etc.

Faire un paquet carré, en rouleau, etc.

LE MÈTRE

Matériel de la leçon : Un mètre rigide, un mètre pliant, un mètre ruban.

Voici un mètre (montrer un mètre rigide); qui se sert de ce mètre ? Le marchand qui vend des étoffes, du drap, du ruban. Il y a d'autres personnes qui se servent du mètre : le menuisier, le charpentier. Ils ne se servent pas d'un mètre comme celui qui vient d'être montré, mais d'un mètre semblable à celui-ci (montrer un mètre pliant), on l'appelle le mètre pliant.

Montrer un mètre ruban et dire : Mais quand votre maman veut vous faire un tablier, une robe, pour mesurer la grosseur de votre taille, la longueur de la robe, elle se sert d'un mètre comme celui-ci : c'est un mètre ruban. Les couturières, les tailleurs se servent aussi du mètre ruban. Voici donc trois sortes de mètres : le mètre pliant, le mètre qui n'est pas pliant mais rigide, et le mètre ruban.

Comparez ces trois sortes de mètres afin de faire constater par les enfants que, quoique de forme différente, ils ont la même longueur.

La longueur du mètre ne varie pas. On dit : la longueur du mètre est invariable.

Pourquoi la forme du mètre varie-t-elle ?

Le marchand qui mesure une étoffe ne se sert pas d'un mètre pliant parce qu'il irait moins vite et mesurerait plus difficilement qu'avec une règle qui ne se plie pas.

Le charpentier, le menuisier, ont souvent besoin du mètre. Ils se servent du mètre pliant qu'ils peuvent manier et transporter aisément.

La couturière qui prend les mesures d'une personne ne peut se servir ni du mètre pliant, ni d'une règle, elle utilise le mètre à ruban.

C'est donc afin de pouvoir mesurer plus facilement les objets ou afin de manier le mètre plus aisément, qu'on se sert de différentes sortes de mètres.

Dire en quoi est fait le mètre (en bois, en cuivre, en ruban). A quoi sert le mètre ?

Mesurer dans la classe la longueur d'un mur, la longueur de la classe, d'une table, les dimensions du tableau noir, d'une carte, faire énoncer les différentes longueurs trouvées. Tracer, au tableau noir, une ligne d'un mètre de longueur, deux points espacés d'un mètre.

Placer la main à la hauteur d'un mètre au-dessus du sol, à un mètre de distance du mur.

Nous pourrions savoir aussi quels sont les enfants de la classe qui sont aussi grands que ce mètre, plus grands, moins grands ; faire vérifier.

Faire répéter par les enfants : Le mètre sert à mesurer la longueur d'un mur, d'une planche. La longueur du mètre est invariable. Il y a trois sortes de mètres : le mètre rigide, le mètre pliant et le mètre ruban.

VIII

PETITE SCIENCE

L'âge de chacun. — Notion des grandeurs. — Lignes. —
Direction. — Nombres.   Le jeu des nombres. — Emploi
des dominos dans le calcul. — Loterie. — Les quatre
points cardinaux. — Orientation. — Lettres et chiffres.
— Fleurs et perles. — Chiens en papier ou en ficelle.

L'ÂGE DE CHACUN

J'ai collé au tableau noir une bande bleue qui
représente par convention une année. Elle est trans-
versalement séparée de douze traits noirs très appa-
rents. (Ce sont les mois.)

Je dis aux enfants : « Répétez avec moi.

« Un an vaut douze mois. — Dans un an il y a
douze mois. — Pour faire un an il faut douze mois.
— Avec douze mois on fait une année. »

Et à chaque phrase mon doigt indique une, deux,
trois, quatre, etc , douze séparations.

Puis je dis aux petits : « Voulez-vous savoir mon
âge ?

— Oui, madame, oui, madame.

— Eh bien ! Vous allez voir comme il faut beaucoup de bandes bleues pour dire mon âge. »

J'en place dix au-dessous les unes des autres. Mes
bambins comptent très bien jusqu'à dix : « J'en ai
besoin de plus que cela. » Et j'ajoute encore dix
autres bandes, les unes au dessous des autres.

« Voilà, j'ai vingt ans !

« Comptez tous ; un, deux, trois, etc., et dites
maintenant : Mademoiselle a vingt ans. »

Et l'on répète après avoir compté : Mademoiselle, etc.

« Voyons Georges, viens compter mon âge sur le tableau.

— Un, deux, etc.

— Allons, c'est très bien.

Et toi, Berthe, quel âge as-tu ? »

Berthe ne sait pas répondre.

Je regarde sa carte d'inscription :

« Je vois sur la carte que tu as cinq ans. Dites-moi, mes petits, combien faut-il mettre de bandes bleues sur le tableau pour faire l'âge de Berthe ?

— Cinq, Mademoiselle. »

Je place les cinq bandes.

« Veux-tu me dire maintenant, Berthe, quel est ton âge.

— Mademoiselle, j'ai cinq ans. »

Et le temps de la leçon s'achève en demandant aux uns ou aux autres leur âge et en représentant l'âge des uns et des autres avec des bandes.

La fois suivante, j'apprends aux enfants et leur âge et le nombre de mois qu'ils ont en plus de leurs années.

NOTION DES GRANDEURS

Trois cocottes de grandeur différente ayant 10, 7, 5 centimètres de hauteur.

La maîtresse distribuera à chaque enfant une enveloppe contenant trois cocottes en papier de couleur.

(L'enveloppe et les cocottes pourront être faites par les enfants de la première section, enfants de cinq à six ans.)

Chaque enveloppe portera le nom de l'enfant à qui elle sera donnée, afin qu'il ait la même chaque fois que le jeu des cocottes sera fait (pas plus de toutes les deux semaines), l'enfant ne s'intéresse plus quand les choses lui sont trop connues.

Puis très doucement, afin que ni l'enveloppe, ni les cocottes ne soient déchirées, donnant ainsi aux enfants les habitudes de soin, le respect des objets, si on peut dire ainsi, les cocottes seront retirées de leur enveloppe et placées debout sur la table auprès de laquelle chaque enfant est assis, les unes à côté des autres, par ordre de grandeur.

On ne saurait trop insister sur ce point ; toutes ces cocottes, posées régulièrement, offrent dans leur ensemble un joli effet qui plaît aux yeux des enfants et les dispose de suite en faveur de ce qu'ils vont faire ; l'enfant a si naturellement l'intuition de ce qui est joli.

Alors la maîtresse (sur sa table de démonstration) ayant aussi trois cocottes, s'efforcera, par une indication très simple, très courte, un quart d'heure, de faire *apprendre* et *comprendre* les mots : plus grande, moins grande, plus petite, moins petite, grande, moyenne, petite.

Prenant la cocotte ayant 10 centimètres : *la plus grande cocotte.*

Indiquant celle de 5 centimètres : voici *la plus petite.*

Plaçant au milieu de ces deux cocottes celle ayant 7 centimètres : voici la *moyenne*, etc.

Quand tous les mots énoncés plus haut auront été prononcés, afin de s'assurer si les enfants les ont retenus et compris, la maîtresse leur dira : « Montrez (dans votre main droite) la cocotte que j'ai appelée la grande, » etc.

Puis, pour terminer, elle pourra faire venir près d'elle trois garçons de taille différente et leur fera dire où est le plus grand, etc.

LIGNES

(Trois poupées en papier découpé.)

Distribuer aux enfants, comme pour le jeu des cocottes, des enveloppes contenant cette fois trois poupées, hautes chacune de 5 centimètres ; une bande de papier haute de 5 centimètres et demi repliée sur elle-même leur servira de base et servira à les faire tenir debout.

Chaque nouveau jeu est contenu dans une nouvelle enveloppe. Si la même contenait plus d'un jeu, ce n'est pas avec le jeu qui est sur la table que l'enfant voudrait jouer, mais bien avec ceux contenus dans l'enveloppe. Il en résulterait du désordre.

Alors la maîtresse aura à faire appliquer les mots : Debout, droit, couché, penché.

S'asseyant : « Je suis assise, » dit-elle ; se levant : « A présent, comment suis-je ? » Les enfants : « Debout.

— Mettez vos trois poupées debout. Bien. Couchez-les maintenant. Qu'elles ne soient ni couchées, ni debout. Comment seront-elles ? Les enfants : « Penchées.

— Très bien. Tenez, montrez-moi donc dans la classe quelque chose qui soit penché. »

Les enfants regardant tout autour d'eux, levant les yeux, s'écrient : « Le tuyau du poêle.

— Bien. Quelque chose qui vous paraisse debout, droit. » Les enfants cherchant : « Le bord du tableau noir, à droite et à gauche.

— Et quelque chose qui soit couché ? — Le bord au bas du tableau. — C'est bien. »

Puis la maîtresse s'approchant d'un rideau et prenant le cordon de tirage, le soulevant : « Comment se trouve-t-il ? — Penché », s'écrient sans hésitation les enfants.

« Bien, toi, viens, dit-elle à un enfant, va toucher pour montrer à tes camarades sur mon bureau une ligne qui soit droite, couchée, etc. »

Ce petit va-et-vient de trois minutes amusera beaucoup les enfants et aura pour effet de rompre cette immobilité si funeste aux tout petits quand elle se trouve par trop prolongée, la contrainte, la tranquillité étant pour eux une réelle souffrance.

DIRECTION

(Bateaux, pliage, comme pour les cocottes.)

Comme pour le jeu des cocottes, les bateaux auront pu être faits par les enfants de la première section.

Ils seront de papier de couleurs variées; la diversité des tons produira un joli effet d'ensemble.

Et l'imagination de l'enfant est si vive, elle colore tellement tout pour lui, que lorsque la maîtresse, en plaçant un petit esquif devant lui, sur la table, dira : « Votre table représente de l'eau, ou bien un ruisseau, » il la verra; et lorsque avec sa menotte, il fera aller en divers sens le bateau qu'on aura placé devant lui, sur la table, facilement il se souviendra des mots qui auraient pu être si difficiles à retenir pour sa jeune mémoire.

En avant, à droite. En arrière, à gauche, devant, en face, derrière, de côté, lui deviendront familiers dans leur application, sans qu'il y ait eu pour lui aucun effort de compréhension.

« Le vent souffle, dit la maîtresse. Soufflons comme le vent. Bien. Le petit bateau va aller *en avant.* » Chacun des enfants le pousse doucement jusqu'à l'extrémité de la table.

« Il pleut, à présent. Frappez votre table avec vos ongles, sans trop de bruit, c'est la pluie. Bien. Ah! notre petit bateau penche *à droite, à gauche,* tant le vent augmente. Ah! il revient *en arrière,* il ne peut plus aller *devant* lui, son voyage va être terminé, *derrière* lui est l'embarcadère d'où il est parti, il tourne. *En face* attendent des petits passagers (des petits garçons en papier).

Et pendant que tous les enfants, heureux, chantent la chanson du petit bateau (chant Collin), le frêle esquif tourné, poussé, revient à son point de départ.

Pas un bateau n'a été déchiré, l'enfant occupé ne songe pas à détruire, c'est celui qui est livré à lui-même, qui abîme pour passer le temps.

— On va remuer à présent, fait la maîtresse. — Viens ici, Maurice ; marche, va *devant* toi ; va fermer la porte *derrière* toi.

« Bien. Robert, va me chercher une fille placée à ta *droite*, maintenant une à ta *gauche*, etc. » Et les enfants, amusés, distraits à tour de rôle se lèvent, se meuvent, vivent enfin, et presque avec peine voient quatre heures arriver.

NOMBRES

Chiens en papier découpé.

Donner à chacun des enfants, comme pour les jeux des cocottes et des poupées, une enveloppe renfermant six petits chiens en papier de couleur découpé. Ils auront à peu près 3 centimètres de hauteur et 5 centimètres de longueur. De même que les poupées, ils se tiendront debout à l'aide d'une bandelette de papier repliée.

Addition. — Ouvrez votre enveloppe, dit la maîtresse, prenez un petit chien, placez-le devant vous.

Prenez-en un autre. Vous aviez déjà sur votre table un petit chien, vous en mettez un autre à côté.

Prenez votre petit doigt (l'index de la main droite) ; bien. Montrez-moi le premier petit chien en disant : *un* chien. Le second en disant : *deux* chiens. Puis : *un* chien et *un* autre chien font *deux* chiens. Cherchez dans l'enveloppe. Prenez encore *un* chien.

Sur votre table vous en avez *deux*. Dans votre main *un*.

Rapprochez celui que vous venez de prendre dans l'enveloppe près des *deux* déjà sur la table et dites : *deux* chiens et un chien font ? Comptez avec votre doigt, le posant sur chaque chien. *Un* chien, *deux* chiens, *trois* chiens. Très bien. Dites alors *deux* chiens et *un* chien font *trois* chiens. ,

Et la maîtresse fait de la même manière compter les six chiens par les enfants. Ils sont intéressés, et chaque nouveau petit chien tiré de l'enveloppe et posé devant eux, debout, un peu chancelant, provoque souvent un joyeux rire.

Soustraction. — Qu'ils sont donc bien alignés, les petits chiens, fait la maîtresse. Mais il faut les rentrer. L'enveloppe, c'est leur petite niche, la maison des chiens.

Prenez *un* petit chien. Bien. Envoyez-le dans sa petite niche. Voyez. Combien vous en reste-t-il sur la table à présent ? Comptez : *Un, deux, trois, quatre, cinq.* Bien. Dites : *six* petits chiens moins *un* petit chien, il en reste *cinq.*

Et la maîtresse continue ainsi d'amuser les enfants jusqu'à ce que le dernier chien ait été replacé dans son enveloppe.

Multiplication. — Sortez tous les petits chiens à présent. Mettez-les à côté les uns des autres, deux par deux. Bien. Ici vous avez *une* fois *deux* chiens. Ici vous avez *deux* fois *deux* chiens, ce qui fait : Voyons. Comptez : quatre chiens.

Enfin vous avez maintenant *trois* fois *deux* chiens.

Eh bien ! comptez, qui saura me dire combien il y a de chiens ? *Six.* Très bien.

Donc *trois* fois *deux* chiens font ?... *Six* chiens.

Et la maîtresse continue le jeu ; c'est le moment du va-et-vient ; chaque enfant va servir d'unité. — Toutes les têtes se dressent, les yeux brillent. Ils désirent tous être appelés.

LE JEU DES NOMBRES

Les enfants ont entre les mains des feuillets du calendrier.

La maîtresse mêle les feuillets qu'elle a également, puis elle en tire un, le montre aux enfants. Les enfants cherchent dans leurs feuillets le même que celui qui est montré. Ils nomment le nombre et fournissent des phrases appropriées au nombre montré.

Soit le nombre 2. Ils diront : j'ai 2 yeux, 2 oreilles, 2 mains, etc. Dans la classe, il y a deux places à chaque table. Les oiseaux ont deux pattes, deux ailes, etc. Pour le nombre 5, j'ai 5 doigts à chaque main ; j'ai 5 ans.

Pour 7 : il y a 7 jours dans une semaine.

Pour les nombres jusqu'à 10, après avoir montré le feuillet demandé, les enfants montreront un nombre de doigts représentant la quantité marquée.

Ce jeu donne aux enfants une idée plus concrète des nombres.

EMPLOI DES DOMINOS DANS LE CALCUL

Pour les enfants de cinq à six ans chez lesquels l'abstraction est toujours une grosse difficulté, il est bon d'avoir à profusion des moyens de concrétiser leurs petites leçons de calcul.

Un moyen simple et distrayant est l'emploi des dominos, pouvant servir à la démonstration des quatre opérations fondamentales.

Supposons par exemple que ce soit l'étude de la quantité 6. Après avoir dessiné au tableau le chiffre 6, on dispose six dominos de la manière suivante : le 1 et 5, le 2 et 4, le double 3, le 4 et 2, le 5 et 1, le 6 et blanc. Les enfants ont ainsi sous les yeux et d'une manière absolument concrète, la suite des additions partielles qui aboutissent toutes à la formation de la quantité 6.

On remplace les points par des bâtons dont les deux groupes sont réunis par le signe plus.

Puis on passe enfin à l'indication des quantités par le chiffre correspondant. Le total étant toujours indiqué, les enfants arrivent parfaitement à comprendre une abstraction telle que celle-ci :

$$4+2=6$$

On dit ensuite aux enfants que l'on casse chaque domino en deux morceaux et que l'on enlève à chacun des dominos le morceau de gauche. En procédant graduellement, ainsi que pour les additions, nous arriverons à faire saisir l'opération de la soustraction : — Il y avait d'abord 6 points, j'ai enlevé 2, il en reste 4.

$$6-2=4$$

En se servant des doubles, nous pouvons donner aux enfants l'idée de la multiplication, puis celle de la division.

— Regardez ce domino : à gauche, il y a 1 fois 3 points — à droite il y a aussi 2 fois 3 points, cela fait : 2 fois 3 points, c'est-à-dire 6 points.

$$2 \text{ fois } 3 = 6.$$

Pour la division, on sépare le même domino en 2 morceaux, un carré contenant 3 points ; plus loin un autre carré contenant aussi 3 points.

— Il y avait 6 points. En partageant le domino en 2 morceaux, il n'y a plus que 3 points dans chaque morceau, donc 3 est la moitié de 6.

Cette façon de procéder peut servir jusqu'à la notion de la quantité 12 (la douzaine). A partir de ce nombre, on pourra suivre la même méthode en prenant comme exemple concret : des billes, des bâtonnets, des lattes, etc.

(Il est bien sous-entendu que les mots : addition, soustraction, multiplication et division ne seront jamais prononcés devant les enfants, ils ne seraient pas compris et ne serviraient qu'à embrouiller l'idée très nette que les enfants auraient acquise de la pratique de l'opération.)

Je sais, par expérience, que le procédé des dominos amuse les enfants, puisque nos élèves peuvent calculer relativèment vite et se reporter aux dessins faits à la leçon de calcul.

Et puis, presque tous sont possesseurs d'un jeu de dominos, et, rentrés chez eux, ils peuvent se refaire à eux-mêmes la petite journée, à l'école maternelle.

LOTERIES (LES NOMBRES DE 1 A 50)

Je passe dans une classe : devant la joie illuminant le visage de nos enfants, je compris de suite que la réalisation d'un plaisir attendu par eux avec impatience, sans doute, pouvait seul mettre l'expression de désir qui se lisait dans leurs yeux si joyeux. Et je restai.

Leur excellente institutrice étalait sur son bureau nombre de petits objets plus charmants les uns que les autres; dans sa sollicitude toujours en éveil pour leur procurer quelques moments heureux, elle leur avait préparé : des vélocipèdes en zan, comme les bébés me les dénommèrent, des soldats à l'allure martiale, des petits mouchoirs, des petits savons, des cartes postales, etc.; le tout coquettement groupé, donnant l'illusion de la boutique à 5 centimes.

— Pourquoi tout cela ? interrogeai-je en montrant du doigt les objets. — Afin de récompenser le zèle qu'ils ont apporté à toute chose. —Quand, pendant toute la semaine, ils sont venus chaque jour le visage, les mains bien lavés, les souliers cirés, un mouchoir dans la poche, les cheveux bien brossés, retenus par une petite tresse en arrière pour les filles, m'ayant fait plaisir en s'efforçant de suivre à la lettre mes recommandations, échange de bons procédés, je leur fais choisir le jeu qu'ils désirent, et celui de la loterie, à l'unanimité, est bien souvent demandé, fit en souriant l'institutrice qui, tout en me répondant, avait déposé au milieu des lots une roue en fer soutenue par un support; laquelle ayant

20 centimètres de diamètre, composée de plusieurs cercles de fer, sur le dernier, le plus grand, à égales distances, étaient placés des numéros de 1 à 25, qui devaient être remplacés ensuite par d'autres de 25 à 50. Une aiguille en fer, devant désigner le numéro, quand le mouvement de rotation donné à la roue devait s'arrêter.

Deux petits sacs de papier rose contenaient des numéros également de 1 à 25 : puis de 25 à 50 avaient aussi fait leur apparition. — Nous commençons, fit la maîtresse en secouant les numéros contenus dans le premier petit sac, afin de bien les mêler; viens, toi, Yvonne, distribue-les à tes compagnes; vous savez, continua-t-elle en regardant les garçons, je commence par les filles ; les garçons doivent s'habituer à être polis, complaisants pour les petites filles à l'école maternelle, pour continuer à être de même avec les dames, plus tard, quand ils seront devenus grands.

Lève-toi, Jeanne; viens ici, approche-toi, plus près; fais tourner la roue; là, bien. Regardez vos numéros; le gagnant, pour avoir son lot, doit appeler tout haut son numéro, qui sera semblable à celui que j'écrirai sur le tableau, après avoir regardé, à la roue, le numéro sous lequel l'aiguille indicatrice se sera arrêtée.

Quel silence, tandis que la roue, en tournant avec frénésie, remplissait l'air de son léger bruissement métallique : zi, zi, zi... Et comme chacun des bébés réunis là regarde attentivement le petit carton qu'il tient entre ses mains!

La roue s'est arrêtée, l'institutrice a écrit en gros caractères le numéro 13. — C'est moi, j'ai le treize, s'écrie une blonde fillette qui s'élance, plutôt qu'elle ne marche pour chercher son lot : un beau petit savon brun !

— Aux garçons, poursuit la maîtresse, à présent : quel lot désirez-vous ? — Un vélocipède, répondent plusieurs voix. Le vélocipède désiré est mis de côté.

Le jeu continue à la grande satisfaction de tout notre petit monde.

J'ai bien sollicité la faveur d'avoir un billet, mais la *chance* ne m'a pas favorisée; plusieurs sont comme moi. — On va tirer à présent, à tous les coups l'on gagne, fait la maîtresse.

Comme tous les lots ont été distribués, elle retourne à son armoire, l'armoire des bonnes, des jolies choses, et en tire des petits sabots, des petits bateaux, de petits porte-veine; le tout en zan, si goûté de nos bébés!

Et tous ceux qui n'ont pas été heureux à la loterie viennent auprès de la roue, la mettent en mouvement, disent le nombre quand elle s'arrête, et emportent un des petits lots. Tout cela se faisait sans désordre, quoique avec un certain remue-ménage si nécessaire à l'enfance.

Comme je veux avoir mon lot, je demande de tourner, moi aussi, la roue; et comme j'ai très bien *su* appeler mon numéro, je prends au milieu de l'hilarité générale mon petit sabot, le lot qui m'est échu en partage.

Ah! les bons rires communicatifs qui résonnent alors.

Je goûte mon zan, il est délicieux. Je remercie de la charmante distraction qu'on vient de procurer à nos bébés.

Et tandis que je m'éloigne emportant avec moi un peu de la vraie gaieté qui rayonne dans la classe, un enfant dit à un autre : « Comme c'est amusant de jouer à ça! »

LES QUATRE POINTS CARDINAUX

— Mes petits enfants, nous allons jouer aujourd'hui aux quatre points cardinaux. Voilà un terme que us ne connaissez pas encore. Nous allons nous l'expliquer ensemble.

Vous avez tous remarqué, ou tout au moins quelques-uns, que le soleil paraît n'être jamais à la même place. Je dis : paraît, pourquoi ? Est-ce le soleil qui bouge ou bien la terre ? Se rappelle-t-on la petite expérience faite l'autre jour ? — Oui, Madame, c'est la terre qui bouge. — C'était l'orange qui tournait autour de la bougie.

Enfin, pour nous le soleil paraît bouger. Le soleil est d'un côté de la rue le matin et de l'autre le soir. Dans la cour c'est la même chose, le soleil n'y reste pas toute la journée. Et dans la classe, à quel moment vient-il nous égayer ? — L'après-midi. — Oui, en effet, le soleil l'après-midi, c'est-à-dire qu'il vient nous voir avant de se coucher. Les fenêtres de la classe sont au couchant. Louis, qui a répondu le premier, va aller se placer au couchant.

Qui est-ce qui a remarqué l'endroit où le soleil se trouve à midi, dans la cour ?

— Moi, moi, répondent plusieurs voix.

Dans la classe, il se trouve au même point. Ce point est le Midi. Charles s'appellera Midi et va aller se placer au Midi de la classe.

En face des fenêtres de la classe, il y a, hélas ! un vilain mur. Si ce mur était percé et laissait passer la belle et bonne clarté, nous verrions le soleil dans la classe dès le matin ; car c'est vers ce point-là qu'il se lève. Ce point-là est donc le Levant. Louisette s'appellera Levant et va aller se placer au Levant.

En face du Midi, il y a un point qu'on appelle le Nord. Nous n'avons pas à regretter de ne pas voir de fenêtres à cet endroit-là, car le soleil n'y paraîtrait pas quand même. Quand vous serez plus grands on vous expliquera cela plus longuement. Raymonde va aller se placer au Nord de la classe et s'appellera Nord.

Attention maintenant ; chacun se souvient bien

de son nom? Répétons: Louis s'appelle: — Couchant. — Charles s'appelle? — Midi. — Louise? — Levant. — Et Raymonde? — Nord. — C'est bien.

Les petits camarades assis doivent avoir envie de bouger. Jeanne, va trouver le Nord, fais un petit tour de danse avec lui et renvoie-le à son banc.

— Marguerite, va trouver le Levant, fais un petit tour de danse avec lui et renvoie-le à sa place.

Et ainsi de suite pour les autres points. Recommencer le même exercice avec d'autres élèves, et en leur faisant chanter une petite ronde.

Le jeu a suffisamment duré, que chacun reprenne sa place, et désignez-moi tous les quatre points cardinaux de la classe. Et puisque cela vous a tous amusés, nous recommencerons ce jeu-là un autre jour, mais, cette fois, ce sera peut-être dans la cour ou dans le préau.

ORIENTATION

J'ai dessiné dans la cour un grand carré et j'ai indiqué comme sur une carte, par de grandes lettres, le *Nord*, le *Midi*, l'*Est* et l'*Ouest*.

J'ai dit à mes enfants: « Nous allons jouer aux points cardinaux (sans chercher à leur expliquer ce que ce mot voulait dire).

« Vous savez déjà que l'on a chaud quand il y a beaucoup de soleil, qu'il y a, au contraire, des jours très tristes où il fait froid, qu'à certains jours il pleut très fort et il fait du vent. Enfin vous savez aussi que le matin il fait jour et que le soir il fait nuit. Eh bien, nous allons jouer. Mettons-nous ici. Et je vais au point qui marque le Midi. »

« Ici, dis-je, c'est le Midi; vous savez, au Midi, il fait chaud. Nous allons nous figurer qu'il fait chaud. Faites comme si vous aviez chaud. »

Et je m'évente, j'ouvre ma jaquette, je m'essuie le front; je fais: « Ouf! quelle chaleur étouffante! »

Et mon petit monde de s'éponger de faire « ouf! » de s'éventer.

« Je continue. Mes enfants, puisqu'il fait si chaud au Midi, savez-vous ce que nous allons faire ? Nous allons chercher le froid ; nous allons au Nord. Et voilà mes mioches qui m'emboîtent le pas, nous arrivons au point qui marque le Nord.

« C'est bien d'être au Nord, dis-je ; mais si j'avais trop chaud au Midi, voilà que j'ai froid au Nord.

Alors, je monte le col de ma jaquette, je souffle dans mes doigts et tape les pieds comme pour les réchauffer. Je n'ai pas besoin, je vous assure, de dire qu'on m'imite, c'est vite fait.

Et je poursuis. « Alors, puisque nous avons trop chaud au Midi, trop froid au Nord, nous allons chercher un endroit où il ne fasse ni trop chaud, ni trop froid.

— Venez-vous ?

— Oh! oui, Madame. »

Et nous voilà partis.

« Arrêtons-nous ici, c'est l'Ouest, dis-je ; il me semble que nous y sommes bien. — Tiens, ajoutai-je au bout d'une seconde, on dirait qu'il pleut. » J'étends la main et mes mioches l'étendent. Ah ! quel vent, et je fais le bruit du vent avec ma bouche. Je suis imitée de suite.

Je conclus alors: « Allons ! tout n'est pas pour le mieux à l'Ouest non plus ; mais comme il ne pleut pas toujours, que le soleil s'y couche et que nous le voyons assez pour n'avoir pas froid, nous pouvons y rester. Cependant s'il pleut trop, nous irons du côté de l'Est. Allons-y donc voir ce qui s'y passe ? »

Et nous voilà partis.

« Là, dis-je, à l'Est le soleil se lève, c'est-à-dire que c'est de ce côté qu'on le voit paraître le matin. Il pleut moins fort, il ne fait pas trop chaud, pas trop froid, nous pouvons y demeurer, etc.. (naturellement, je ne dis pas ici tout ce qu'on peut imaginer).

— Oui, Madame, oui, Madame.

— Mais il y a des enfants qui aiment avoir chaud, que ceux-là lèvent la main. »

Quelques mains se lèvent.

« Eh bien, puisque vous voulez avoir chaud, allez au Midi. »

On hésite, on tourne sur soi-même, et je les envoie.

Autre question : « Pour ceux qui préfèrent le froid, etc., etc. »

On voit d'ici le jeu.

Et quand je crois avoir été comprise, j'envoie, à tour de rôle, un enfant au Nord, au Sud, à l'Est, à l'Ouest.

Ceux qui ne se trompent pas ont un bon point.

LETTRES ET CHIFFRES

Jeu de lettres mobiles, de chiffres. Dessin de ces lettres, de ces chiffres, au tableau noir avec craie de couleur. Reproduction avec des bâtonnets, brins de paille, papier. Beaucoup d'enfants arrivent à reproduire avec ces objets, lettres et chiffres, et, ce qui les intéresse, ce qui les amuse beaucoup, c'est de les tracer dans le sable.

Jeu très intéressant, qui a de l'attrait pour eux.

En même temps qu'un jeu, c'est une préparation à la lecture, c'est la leur faciliter tout en les amusant. Très bons résultats.

FLEURS ET PERLES (enfants de 3 à 5 ans).

Un après-midi d'un mois d'hiver, peu après la rentrée, le temps était si sombre, si triste, qu'il semblait sur nos bébés mêmes avoir jeté son influence de mélancolie.

Ils ne souriaient plus et leurs voix, pendant la récréation, ne s'étaient pas élevées joyeuses.

Ils venaient de rentrer en classe : alors j'apportai un grand carton ; ils le regardèrent tous curieusement. Je l'ouvris. A la vue de ce qu'il contenait, ils battirent des mains et poussèrent des « ah ! » joyeux : ils venaient d'apercevoir des fleurs.

Des fleurs en papier, des petites roses par centaines, de toutes les couleurs : des blanches, des jaunes, des mauves, des roses, des bleues, des rouges, des vertes.

Leurs yeux disaient combien était vif leur désir dé les posséder.

Elles étaient superposées, au nombre de six, sur des bandelettes de carton de 0 m. 15 de longueur et de 0 m. 02 de largeur. Elles y étaient fixées par le fil de fer qui leur servait de tige.

Je distribuai quatre bandelettes de la même couleur à chacun des bébés, en les leur faisant aligner les unes à côté des autres, à gauche de leurs tables, afin de laisser à droite un espace libre sur lequel ils allaient reproduire ce que je ferais sur la table de démonstration.

Et le jeu commença : chaque enfant prit une bandelette et la pencha de droite à gauche, puis une seconde, qu'il pencha également, mais de gauche à droite en la réunissant à la première par son sommet, enfin une troisième, qu'il coucha au milieu des deux autres.

Comme toute chose a un nom, on appela les trois bandelettes disposées de cette manière *a*. Et toutes les petites tables recouvertes ainsi des bandelettes offraient la vue d'un multicolore parterre de fleurs ; l'aspect en était des plus gracieux et, comme les enfants *aiment* tout ce qui est *joli* et *clair*, les bébés étaient joyeux de pouvoir toucher les fleurs. Je continuai encore le jeu en faisant reproduire deux autres capitales : *h* et *t*.

Puis je demandai à chaque enfant en particulier quelles bandelettes il désirait avoir.

Et chacun me dit sa couleur préférée; et les échanges se firent.

Celui qui avait les rouges les passa à celui qui les désirait et reprit à son voisin les fleurs convoitées. Pendant quelques minutes, ce fut un vrai plaisir pour les petits que ce va-et-vient des échanges; l'enfant aime tant le changement !

Alors, je ne montrai plus rien sur la table de démonstration, mais je demandai de me reproduire un *t*, un *h*, un *a*.

Et tous firent les lettres sans se tromper.

Puis, leur disant d'aligner les bandelettes comme avant d'avoir joué, au tableau noir, je leur traçai les trois *capitales* qu'ils venaient de faire, et ils surent très bien les nommer.

Ils avaient, sans s'en être douté, pris leur première leçon de lecture, et bien gaiement.

Les fleurs avaient ramené la joie dans leurs petits cœurs, et la tristesse du jour avait disparu comme par enchantement.

Ils pourront apprendre ainsi toutes leurs capitales.

La confection de ces fleurs d'aspect est des plus simples; elle procure un joli travail manuel par la diversité des tons dans les couleurs.

On coupe des rondelles de papier de 0 m. 03 de diamètre. Les bébés les enfilent au nombre de huit; une quantité de fleurs peut être faite en très peu de temps.

Il va sans dire que la maîtresse les attache sur les bandelettes de carton par le fil de fer qui leur sert de tige.

Non seulement les bébés pourront construire les *capitales*, même celles avec courbes (les bandelettes seront des demi-cercles), mais encore les lettres en *italique*.

Avec trois longueurs de perles moyennes, deux de 0 m. 05 et une de 0 m. 07, enfilées avec du fil de fer flexible, ils feront très facilement les vingt-cinq lettres de l'alphabet.

Tous les enfants aiment le maniement des perles ; leur cristal miroitant les charme. Ce jeu des perles les captivera. Toutes les bandes seront contenues dans une boîte en papier, longue de 0 m. 16 et étroite de 0 m. 04. La boîte portera le nom du bébé auquel elle appartient.

CHIENS EN PAPIER OU EN FICELLE

Voici un petit travail amusant et facile à exécuter, que mes élèves (5 à 6) sont arrivés à faire très bien.

On prend un bout de ficelle d'environ 20 centimètres ; on tortille autant qu'on le peut, en tenant une extrémité avec les dents, l'autre avec les doigts.

On double ensuite la ficelle tortillée et de nouveau on tortille les deux bouts ensemble, très fort.

Toute la difficulté consiste à bien tortiller la ficelle.

Le bout replié représente le museau du chien. Pour faire les deux oreilles, on tire la ficelle (avec une épingle par exemple) à une petite distance du museau. On a soin de tortiller les bouts que l'on vient de tirer.

On obtient de même les deux pattes de devant, puis celles de derrière. Le bout final est la queue.

Pour les chiens de papier, on se sert de papier mince mais résistant, qu'on coupe par bandes de 20 centimètres de long sur 2 de large.

IX

CONSTRUCTIONS — INGÉNIOSITÉ

Jeux de construction. — Edifices. — Fourneau. — Boîtes
d'allumettes. - Les roues. — Tortue. — Petite voiture. —
Eventails. — Plumeaux. — Chaîne. — Lunettes. — Sous.

JEUX DE CONSTRUCTION

Les écoles maternelles ont toutes des cubes et des
rectangles de bois avec lesquels les enfants font des
constructions. Le malheur c'est qu'ils sont en si
petites quantités que l'imagination de l'enfant ne
peut guère s'exercer. Il commence un beau travail
qu'il ne peut, à son grand chagrin, terminer faute
de matériaux. Ne pourrait-on, dans ce cas, ne donner
de cubes qu'à un enfant sur trois? Le privilégié
aurait ainsi à sa disposition non seulement des
matériaux en nombre convenable, mais deux camarades qui seraient ses aides et qui lui passeraient
les cubes. L'intérêt et l'animation, loin d'y perdre,
seraient certainement plus grands.

Quoiqu'il soit excellent de laisser aux enfants
beaucoup d'initiative dans ces jeux, il est bon de
leur faire exécuter de temps à autre une construction
dont la maîtresse fait le modèle sur le bureau. Livrés
à eux-mêmes, les enfants ne trouvent pas de combinaisons variées ; quelques indications leur sont très
utiles et ils savent en tirer un beau parti. Quand une
petite fille a su faire une façade de maison, elle a
refait pendant longtemps des façades presque identiques où quelques détails seuls étaient modifiés.

Dès qu'elle a eu appris à construire un perron, elle a été enchantée et n'a pas oublié de le placer devant sa façade, tantôt au milieu, tantôt sur un des côtés.

Voici l'indication d'une série de constructions très faciles à exécuter :

1o *Perron à un escalier :* 3 rectangles de même longueur, mais dont la largeur varie d'un tiers par marche ;

2o *Perron à escalier double :* 3 rectangles de même largeur, dont la longueur varie de moitié, puis d'un tiers, et qui sont placés au milieu l'un de l'autre, de façon à former trois marches sur les côtés :

3o *Porte simple avec montants* et rectangle transversal. La placer sur un piédestal après le perron ;

4o *Arc de triomphe simple :* porte plus haute et plus large ornée simplement au-dessus de cubes posés en créneaux ;

5o *Arc de triomphe double :* deux portes séparées par un large montant ;

6o *Si on possède des planchettes* taillées en biseau, on peut faire les constructions suivantes :

Pont simple à une arcade.

Pont de chemin de fer avec deux ou trois arcades.

Pont avec une petite porte aux deux extrémités.

Porte cintrée et arc de triomphe identique.

Tour carrée.

Phare : piédestal, colonne surmontée d'une petite chambrette ouverte des quatre côtés.

Château fort : murs épais, ouvertures étroites, créneaux, petites tourelles aux quatre coins.

ÉDIFICES

A l'aide de cubes, les enfants vont construire dans un coin de la cour une cheminée, un pont, une tour, etc. Tous ceux qui prennent part au jeu travaillent à apporter les matériaux nécessaires. Les plus habiles d'entre eux, sous la direction de l'architecte, font la construction. Le travail terminé, les ouvriers, joyeux, plantent un petit drapeau au sommet. Mais le contrôleur passe et, trouvant un défaut dans la construction, en ordonne la démolition. Aussitôt tous les enfants armés de leurs balles les lancent vers l'édifice, qui s'écroule aux cris de joie des assistants.

FOURNEAU

Construire un fourneau en briques, indiquer à quoi il sert. Parler du charbon, des casseroles, de la batterie de cuisine, des aliments à faire cuire, etc.

BOITES D'ALLUMETTES

Collectionnez toutes les boîtes vides d'allumettes suédoises que vous pourrez vous procurer, pourvu qu'elles soient en bon état. Remplissez-les de sable pour leur donner du poids et glissez-les dans leurs couvercles.

Découpez dans du papier couleur brique, ardoise ou crème, des bandes de 0 m. 13 sur 0 m. 09.

Enveloppez chacune de vos boîtes de l'une de ces bandes et collez-les sur le côté long des boîtes; découpez ensuite de petites entailles dans la partie du papier dépassant les boîtes sur leurs côtés courts.

Coupez des petites bandes de 0 m. 04 sur 0 m. 02, que vous collerez sur les deux côtés courts.

Vous aurez alors un assemblage de briques qui permettront de jolies constructions, car vous disposerez de briques, d'ardoises et de moellons pour bâtir.

LES ROUES

Les enfants percent au centre avec un bâtonnet deux rondelles en carton; ils les enfilent dans le bâtonnet et font rouler à droite, à gauche, etc.

TORTUE

Découpez une tortue dans une carte de visite et faites au milieu un trou de moyenne grandeur. Prenez ensuite une coquille de noix dans laquelle vous mettrez une bille. Enfermez cette bille avec la carte découpée représentant la tortue, en collant la coquille à la carte. En plaçant la tortue sur un plan incliné, la bille roulera et fera avancer l'animal qui, au ravissement des petits, aura l'aspect vivant.

PETITE VOITURE

Prenez une grosse noix, enlevez un quart de la coquille, en coupant avec attention. Videz la noix et faites deux trous sur les côtés; faites passer dans ces trous une allumette sur laquelle vous adapterez deux rondelles de carton pour les roues. Un morceau de laiton tordu ou même un simple fil simuleront le brancard. Les petites voitures ainsi confectionnées roulent bien sur les tables; on peut même introduire dedans quelques menus objets.

ÉVENTAILS

Depuis quelques jours, pendant les minutes destinées au travail manuel, j'avais remarqué nos tout petits, absorbés, s'efforçant de faire glisser, le long de bandes doubles de papier à fleurs, leurs doigts agiles, s'évertuant de toute la force de leurs petites menottes à y former l'empreinte de réguliers plis, dits accordéons.

Un après-midi, leur maîtresse me manda dans sa classe. Elle voulait me faire assister à un *jeu éducatif* qu'elle allait innover. Son zèle, toujours en éveil, réclamait ma présence et j'en fus ravie.

Tous avaient, devant eux, posé sur les tables un éventail de forme japonaise.

Il me fut facile de reconnaître, dans leur confection, les papiers plissés qui, les jours précédents, avaient été la grave occupation des bébés.

Les éventails étaient tous fermés; placés dans le même sens; le sommet en haut.

L'aspect formait un tout méthodique, régulier.

« Prenez avec vos mains les deux lattes de votre éventail, chacune séparément, fit la maîtresse. Bien, tenez-les à la hauteur de votre taille. Écartez-les à présent. Rapprochez-les en les retournant. Maintenant, vos éventails se trouvent grands ouverts. »

Ce petit mouvement exécuté avec un ensemble parfait produisit le plus joli effet. La chaleur était très forte, le soleil en filtrant à travers les rideaux mi-clos de la classe vint gracieusement se jouer dans les feuillets multicolores des éventails et leur donna un rayon de gaieté; le rouge, le bleu, le vert, le jaune, le violet, semblaient miroiter joyeusement.

La physionomie de chaque baby disait combien il éprouvait de joie à être le possesseur d'un aussi joli objet.

« Passez votre éventail dans votre main droite, insista leur maîtresse. (La droite, la gauche offrent toujours une certaine difficulté pour nos tout petits. Quoi d'étonnant, quand des grandes personnes à qui on indique un chemin s'y trompent quelquefois, elles aussi!) Il fait très chaud, poursuivit-elle. Donnez-vous un peu de l'air qui vous manque en agitant très doucement votre éventail devant votre menton. A présent, sur votre front, agitez-le un peu plus vite, vous sentirez absolument sur vos têtes le vent qui secoue en ce moment le feuillage des arbres de la cour de l'école. Maintenant, éventez votre joue droite, puis la gauche; votre cou ensuite par derrière... éventez-vous comme il vous plaira. »

Et dans la classe s'entendit un joli petit bruissement.

Mais comme tout doit finir, même les choses

les plus plaisantes, l'institutrice s'approcha pour reprendre les éventails ; alors, un plus avisé que les autres, tout à fait parisien, s'écria : « Je voudrais bien garder mon Petit-vent-du-Nord pour donner à maman. » Nous nous mîmes bien franchement à rire. Les cris des camelots du jour étaient restés dans la mémoire de l'enfant, et il nous les redisait avec un véritable à-propos.

« L'idée de Jacques est très bonne, répliqua la maîtresse ; gardez vos éventails pour vos mères. »

Les tout petits étaient ravis, et moi enchantée de cette jolie application du jeu éducatif auquel je venais d'assister.

PLUMEAUX

Attacher ensemble plusieurs plumeaux faits au travail manuel ; épousseter.

CHAINE

Faire une chaîne avec des bouts de laiton souple, un crochet à chaque bout, fermer les crochets.

LUNETTES

Avec deux bouts de laiton, faire deux ovales, les réunir par un troisième et faire des crochets à chaque extrémité.

REPRODUCTION DE SOUS

Mon matériel est très modeste, mais il plaît aux enfants.

Une feuille de papier « d'argent », comme disent mes petits, et un sou neuf, lequel sou, devant servir plusieurs fois, est enveloppé dans du papier avec le nom de l'enfant.

Je donne à chaque enfant une feuille de ce papier, sur lequel j'ai à l'avance tracé des lignes. L'exercice consiste, pour l'enfant — et par conséquent la difficulté — à reproduire l'effigie de la pièce de monnaie sur la feuille, mais dans un ordre déterminé, avec la pièce placée de telle façon que l'effigie n'ait pas la tête en bas ; qu'il n'y ait pas de distance plus grande entre une image qu'entre l'autre, etc.

Jamais mes petits ne se lassent, et à moins d'accident, mon matériel peut servir bien des fois.

X

ESPRIT D'OBSERVATION

Les images. — Lecture d'une image. — Loto. — Poids des objets. — Hauteurs. — Grosseurs. — Grandeurs. — Dessin avec des confettis. — Dessin avec des coquilles de moules. — Jetons. — Les tableaux vivants. — Les chrysanthèmes. — Se connaître. — Horloge. — Cadran. — Sac scolaire. — Surprise. — Animaux en bois. — Au vol.

LES IMAGES

Avoir à sa disposition un grand nombre d'images.

Faire voir aux enfants ce qu'il y a dessus.

Faire comprendre.

Développer ainsi l'esprit d'observation.

Récompenser les enfants qui découvriront sur une image des choses que les autres n'auront pas vues.

Faire interpréter la signification d'une image ; veiller au langage ;

Se servir des images des journaux quand elles sont saines, de celles des prospectus.

La plupart des bons points offrent de précieuses ressources pour faire observer et parler les petits.

(A. D.)

LECTURE D'UNE IMAGE

La directrice de mon école a mis à ma disposition un certain nombre de collections d'images.

Au moment destiné pour le jeu éducatif, je prends ostensiblement les images, lentement, comme très intéressée, j'en regarde plusieurs et enfin j'en tiens une que j'élève dans mes mains de manière que les enfants voient bien que je regarde une image, mais la face de cette image étant tournée vers moi, ils ne peuvent voir quelle est-elle. Alors, lentement, minutieusement, je la décris, j'indique les personnages, la couleur de leurs vêtements, ce qu'ils font, etc.

Puis, reprenant toutes les images que j'ai sur mon bureau, je les bats bien comme on ferait d'un jeu de cartes et je passe dans les rangs en en distribuant trois à chacun de mes petits élèves. Je les place devant eux, mais à l'envers; quand j'ai fini de les leur distribuer, je reviens à ma place et j'invite les enfants à prendre les images et à chercher celle que j'ai expliquée.

L'attrait est très grand, et comme l'image que j'ai choisie est entre les mains de plusieurs, on peut avoir la satisfaction de la découvrir.

Ce qui est intéressant, c'est l'étude des caractères que cela permet de faire : les enfants étourneaux, ceux qui manquent de mémoire, ceux qui se contentent d'à-peu-près, trouvent que toutes les images ressemblent à celle dont j'ai parlé.

Les enfants attentifs, ceux qui ont de la mémoire ou l'esprit d'observation, trouvent vite.

Les indécis, les indifférents, ne découvrent rien du tout.

Quelles études on pourrait faire!!

<h2 style="text-align:center">LOTO</h2>

Mettre entre les mains des enfants diverses petites images de vêtements, objets usuels, etc., le plus souvent découpés dans les catalogues et qui servent à des exercices d'observation, puisque l'enfant doit reconnaître s'il a entre les mains l'objet appelé par l'institutrice.

Dans une école, pour la section des grands, on a un peu compliqué le jeu. L'institutrice appelle les noms, les enfants marquent d'un point chaque objet qu'ils possèdent, et à fin de l'exercice, l'institutrice vérifie. C'est une sorte de jeu de loto (1).

LE POIDS DES OBJETS

J'ai apporté dans ma classe une collection de cailloux ; il y en a un à peine plus gros qu'un grain de sable, et un autre à peu près de la moitié de la taille d'un pavé.

Je les ai disposés sur un banc placé à cet effet sur l'estrade.

Les enfants sont venus, non les peser, mais les soupeser.

J'appelle Berthe et lui dis :

« Berthe, prends le deuxième caillou. — Berthe le prend. — Est-il lourd ? — Non, Madame. — Prends le huitième. — Berthe compte et prend le caillou. — Eh bien ! ce caillou te semble-t-il plus lourd ? — Oh oui, Madame. — Maintenant prends le dernier ; est-il lourd ? — Oh oui ! très lourd. — Explique-moi quel est le caillou le plus lourd. — Madame, c'est le plus gros. — Quel est le moins lourd ? — Madame, c'est le plus petit. »

Il faut varier les exercices. Faire prendre deux cailloux à la fois, etc.

J'ai fait ensuite une collection de morceaux de liège que j'ai rendus, comme taille, à peu près identiques à la grosseur de mes cailloux.

J'ai d'abord fait avec ces morceaux de liège le même exercice qu'avec les cailloux.

Puis j'ai, dans une troisième leçon, fait prendre dans une main un morceau de liège, dans l'autre un caillou, de grosseur à peu près égale. La comparaison du poids spécifique des corps (je n'ai pas prononcé le mot, naturellement) s'est très bien faite

____

(1) Voir le loto des couleurs de M⁰ᵉ Jeanne Girard. Mandonnet, éditeur, 52, rue des Saints-Pères.

dans l'esprit des enfants, bien que je me sois gardée
de faire faire autre chose que de comparer les deux
poids à grosseur égale, et que j'aie évité tout commen-
taire. Les commentaires sont le plus souvent dangereux à l'école maternelle.

LES HAUTEURS

Je dessine sur le tableau noir de grandes lignes
à la craie, de différentes hauteurs. Je remets à chacun des enfants une petite latte. Et à tour de rôle,
montrant à l'un d'eux une des lignes que j'ai tracées,
je lui demande combien de fois il y a la hauteur dé
sa baguette dans la raie que j'indique. Et après que
l'enfant a répondu, je mesure devant lui la hauteur
de sa baguette à la hauteur de la ligne.

Au bout de quelque temps, cet exercice ayant été
répété deux fois chaque semaine, j'obtiens des résultats étonnants, et je peux conduire mes petits
élèves assez loin dans cette voie.

GROSSEUR

On donne aux enfants des perles de différentes
grosseurs. Ils les rangent en grosses, moyennes,
petites.

GRANDEURS

Chaque enfant a trois cocottes, trois bateaux de
grandeurs différentes ; les lui faire ranger par ordre
de grandeur, la plus grande à droite, à gauche, au
milieu ; de même pour la plus petite, la moyenne.

Même jeu avec des animaux avec des bandes de
papier.

DESSIN AVEC DES CONFETTIS

Les enfants ont des confettis de plusieurs couleurs. Je fais un pot de fleurs au tableau noir. Par
exemple, un camélia (puisque c'est la saison). Les
enfants prennent des confettis verts pour faire le
feuillage, et des rouges pour faire la fleur du

camélia. Un bébé de cinq ans s'approche de moi en me disant : « Madame, ça m'amuse bien les confettis, je suis content de faire ce dessin, mais il faut beaucoup de patience. » J'en convins avec lui. Car c'est un travail de patience. J'aurais voulu qu'il fût permis à mes collègues de voir toutes ces petites mains à l'ouvrage, c'était charmant. Seuls quelques enfants avaient bien réussi, mais tous avaient montré de la bonne volonté et de la gaieté.

DESSIN AVEC DES COQUILLES DE MOULES

Voici un moyen que, — n'étant pas dans une commune riche, — j'emploie pour faire dessiner mes enfants, sans dépenser beaucoup d'argent.

J'ai fait laver avec le plus grand soin des coquilles de moules. Puis on les a laissées à l'air jusqu'à ce qu'elles ne sentent plus rien.

J'ai fait de même pour des coquillages de conques.

Enfin, j'ai demandé à de braves gens qui avaient des courges de me donner les amandes. Je les ai bien nettoyées et bien séchées.

Avec cela, je fais faire à mes enfants des dessins qui n'usent ni crayon, ni papier.

Je fais un modèle au tableau, représentant quelquefois une mosaïque formée de coquilles de moules seulement. D'autres fois, mon modèle est d'ordre « composite » (le mot n'est peut-être pas très juste, mais il fait bien); j'y mêle les formes ovales : les moules; les formes rondes : les conques; les formes en amandes : les pépins de courge.

Il faut voir avec quel souci, quelle attention on cherche à m'imiter ! Comme joyeusement on bat des mains quand on se rapproche du modèle !

Il faut voir aussi ma joie quand j'ai réussi à amuser, à intéresser mes enfants tout en les élevant tout doucement vers le goût des belles choses.

Essayez, et vous verrez que tout cela est facile.

JETONS

J'avais chez moi une boîte de jetons qui ne servaient pas, car depuis longtemps on ne joue plus aux cartes dans ma maison.

J'ai apporté ces jetons à l'école et mes petits élèves en ont bénéficié.

Il y avait des jetons longs, des carrés, des ronds; ils étaient de diverses couleurs; grâce à eux, j'ai eu une leçon sur les couleurs, puis une autre sur la forme, une troisième sur les grandeurs.

Chaque leçon a été suivie de l'étude d'un dessin que je faisais avec des jetons, au tableau noir (il suffit de mouiller le jeton, et de l'appliquer d'un mouvement rapide sur le tableau, pour le faire tenir), et que mes petits recopiaient avec des jetons semblables. Ce sont des leçons que je recommande à mes collègues, elles s'en trouveront bien, car elles complètent les leçons avec les bâtonnets et sont moins monotones. La différence de forme et de couleur permet mieux à l'enfant de saisir la ressemblance entre les jetons qui font le dessin au tableau et ceux qu'il a dans la main.

LES TABLEAUX VIVANTS

Enfants de trois à cinq ans.

Pour développer l'esprit d'observation, un éducateur belge, du nom de Georges Rouma, avait l'habitude de faire examiner un dessin, puis, tandis que les enfants fermaient les yeux, d'y apporter quelque « légère ajoute » qu'il fallait découvrir.

L'idée me parut excellente; elle m'inspira, pour les petits, « le jeu des tableaux vivants ».

J'appelai quatre bambins, deux garçons et deux filles. A l'un des garçons, je dis : « Toi, tu seras un papa. Voilà ton fils! Tu lui apprendras à compter les boutons de son habit. » A la plus grande des fillettes, j'ordonnai d'être une grande sœur consolant la plus jeune de quelque chagrin imaginaire.

Et les acteurs de s'exécuter aussitôt.

Au coup de sifflet convenu, ils se pétrifièrent.

Deux autres furent priés de les bien examiner, puis de tourner le dos en refermant les yeux. Alors, vite, je changeai les poses.

Je redressai la tête du papa. Le doigt du fils arrêté sur le troisième bouton, passa au quatrième.

A la jeune sœur, qui feignait de pleurer les deux poings sur les yeux, je découvris à demi le visage.

A la plus grande, dont l'un des bras semblait vouloir attirer la petite, je fis accentuer le geste, jusqu'à ce que la tête de la cadette reposât sur l'épaule de l'aînée.

Bref, je modifiai mes groupes, mais par des détails. Après quoi l'ordre fut donné aux spectateurs de rouvrir les yeux.

Sans hésiter, ils découvrirent tous les changements.

La deuxième expérience fut plus simple, car mes observateurs n'avaient que trois ans. Leurs regards ne pouvaient encore saisir les détails et je ne devais point les décourager. Il s'agit en effet d'obtenir que les moins développés ne soient pas étrangers à ce qui se passe et il importe d'alterner de manière qu'un spectacle simple succède à un plus compliqué.

Je me contentai donc de faire mettre à quatre nouveaux personnages leur tablier à l'envers et le pied droit en avant.

Le jeu du tablier fut vite découvert, mais non celui des pieds.

Satisfaits néanmoins, rouges et souriants, mes petits regagnèrent leur place.

Un troisième groupe composa un troisième tableau, plus compliqué cette fois : la grande fillette devint une maman qui grondait un fils peu soigneux, pour des trous et des taches au tablier. Cependant, une petite feignit d'examiner attentivement une image, tandis que le quatrième et dernier personnage raccommodait activement de la vaisselle de papier.

Au coup de sifflet, on les observa. Puis, la petite mère laissa tomber un coin du tablier de son polisson, lequel simula une moue d'enfant grondé et releva la tête. Je renversai la pile d'assiettes du raccommodeur de porcelaine et je retournai sens dessus dessous l'image observée. J'avais mis auparavant deux gamins aux aguets. Ils notèrent toutes les modifications, hormis le désordre des fausses assiettes.

Regardez donc, leur dis-je, le raccommodeur! Fermez les yeux et tâchez de retenir.

Prestement, je ramassai les assiettes, et, cette fois, on s'en aperçut.

A quatre autres, je fis mettre fichus et casquettes sur la tête, comme pour sortir, et leur plaçai la main gauche derrière le dos, sans plus de complication.

Les deux témoins, l'un nouveau, l'autre timide, regardèrent... Aucun pourtant ne s'aperçut ensuite que la main droite remplaçait au dos la gauche. Quant aux casquettes, fortement abaissées sur les yeux, et aux fichus, ramenés en avant jusque sur le front des fillettes, ils furent longs à en saisir les différences.

Il fallut deux débrouillards pour détailler une petite scène d'intérieur : un garçon brossant de la main les manches de son habit; une fillette ourlant sans aiguille; une autre attachant le lacet dénoué du soulier d'un petit bonhomme.

Après cette pose, je m'emparai du mouchoir et mis à la couturière le bord de sa robe entre les doigts. Celui qui brossait ses manches brossa son béret; la fillette s'occupa du soulier droit, alors que le gauche restait dénoué. Enfin, le petit bonhomme qui avait les yeux vers la terre, les reporta sur le public.

Aucun détail n'échappa à l'observation. Mais j'avais besoin encore d'un tableau simple pour tout petits.

J'appelai des bambins ayant tous une ceinture, et j'en retournai la boucle derrière le dos. Les deux examinateurs n'y virent que du bleu. Alors, j'enlevai franchement les ceintures et tout alla bien.

Restaient cinq enfants qui n'avaient pris nulle part d'acteur. Les laisserais-je le cœur gros? Pour eux, je composai mon septième et dernier tableau.

Une fillette assise attira sur ses genoux la tête d'une plus petite gentiment abandonnée. Un garçonnet, placé derrière, parut les abriter d'un soleil imaginaire avec une minuscule ombrelle de papier.

Quand les yeux des deux derniers furent fermés, j'abaissai le front de la grande fille, fermai les paupières de la petite, lui repliai les bras et je retirai au garçon son ombrelle.

Tout fut découvert, car on s'aguerrit, on veut être le plus habile.

Si c'est de l'émulation, je la crois de nature à développer l'observation, premier moyen éducatif à un âge où l'esprit d'imitation prédomine.

L'enfant, d'ailleurs, ne tire aucun amour-propre de ses succès, car il se croit toujours capable de faire ce que fait le voisin. S'il y parvient, la chose lui semble toute naturelle, et s'il échoue, il recommence sans amertume ni découragement.

De tout jeu sort une leçon. Il me reste donc à remercier Georges Rouma de m'avoir inspiré pour mes petits une distraction utile, à laquelle je prends moi-même plaisir.

Ces physionomies sont parfois si sérieuses, si pénétrées de leur rôle, qu'on se croirait en présence d'un monde véritable, minuscule, occupé au grave accomplissement d'une tâche capitale.

D'autres fois les gestes sont gauches, les enfants ne peuvent modérer leur envie de rire. Dans tous les cas, la grâce apparaît, et je ne saurais que m'en réjouir, y aider dans la mesure du possible.

Enfin, je me plais aux scènes de travail, d'ordre, d'aide mutuelle, de protection ou de tendresse. Par elles, les spectateurs reçoivent de saines impressions sans profondeur, qui provoqueront néanmoins de bons sentiments.

Le plaisir aura soutenu l'attention et son souvenir prolongera la leçon. Il en laissera comme une image imprécise et agréable, qui ramènera plus volontiers l'esprit de l'élève aux idées fugitives mais bonnes, pour qu'elles se fixent et demeurent.   (J. B.)

LES CHRYSANTHÈMES

Nous avons eu aujourd'hui notre exposition de chrysanthèmes. Mais oui, à l'école maternelle, on ne se refuse rien, et nous connaissons les plaisirs selects !

Depuis quelque temps, nous fabriquons des quantités de cette fleur (en papier naturellement) pour parer notre préau le jour de la distribution des jouets.

Il me vint à l'esprit de m'en servir quelque peu, avant la fête, et pour notre amusement personnel ! groupant mes fleurs par couleur, j'eus l'idée, sur des bancs recouverts de sciure mouillée que voulut bien me prêter Mme la Directrice, de piquer mes chrysanthèmes.

Quand ils furent ainsi disposés, je laissai entre les bancs garnis (j'avais fait ce travail de préparation pendant la récréation) des espaces que j'appelai des allées. Et à la rentrée d'une heure, après le lavabo, madame me donna l'autorisation de tenir aux enfants le langage que voici :

« Mes chers petits, nous allons aujourd'hui visiter l'exposition des chrysanthèmes. Vous allez entrer dans ma classe, deux par deux, gentiment, en vous donnant le bras, et vous pourrez regarder toutes ces belles fleurs que nous avons faites. »

Les rangs se formèrent, et, sans cri, sans bousculade, mes petits invités eurent la permission de regarder, d'admirer les fleurs de mon exposition.

Deux choses évidemment les charmèrent. C'était un travail d'enfants qu'ils appréciaient, sans se rendre compte du sentiment qu'ils éprouvaient; les fleurs étaient à leur hauteur, ils pouvaient se pencher sur elles, et, en même temps, ils voyaient l'harmonie des couleurs et la grâce de la forme. Les élèves de chaque classe ayant visité mon exposition, je préparai un divertissement avec mes chrysanthèmes.

J'en distribuai un à chaque enfant, puis je groupai les garçons d'un côté et les filles de l'autre, mais en les séparant de manière que ceux qui avaient les fleurs de même couleur fussent ensemble, et j'organisai une sorte de jeu à mouvements rythmés, ayant quelque analogie avec une figure de quadrille.

Je m'appliquai un certain temps, et j'eus la satisfaction de voir bientôt mon petit monde comprendre ce que j'attendais de lui.

Et c'était vraiment joli de les voir tantôt se saluer de leur fleur, tantôt les balancer au-dessus de la tête d'un geste gracieux.

Je n'ai pris pour exercer mes enfants que le temps à peu près normal consacré aux mouvements ou à un jeu éducatif.

Je n'ai jamais obligé un enfant à faire ce qu'il ne voulait pas.

Je me suis servie de la bonne volonté ou de l'adresse de quelques-uns, mais en laissant à tous la joie de se croire nécessaires.

SE CONNAITRE

Exercer les enfants à montrer, en le touchant du

doigt, les oreilles, les yeux, la langue, la gorge, le nez, etc.

HORLOGE

Un cercle d'horloge au tableau; un enfant indique la marche des aiguilles.

Deux cercles; l'un marque midi, l'autre 3 heures, etc.

CADRAN

Un enfant lève le bras verticalement pour indiquer midi, puis le descend à droite en travers pour indiquer 3 heures, ainsi de suite pour 6 heures et 9 heures.

SAC SCOLAIRE

Chaque élève a un petit sac accroché après la table. Le prendre, le décrocher, le raccrocher — obtenir des mouvements d'ensemble. Sortir ce qu'il y a dedans. Nommer. — Etaler sur la table — voir ce qui manque. Remettre en place.

SURPRISE

Objets dans une pochette, balle, éponge, crayon, etc. — Soupeser, palper, décrire, nommer.

ANIMAUX EN BOIS

Ils marchent, sautent, courent, tombent. Vont en avant, en arrière, à droite, à gauche, les mettre en lignes par un, par deux, etc., les placer aux quatre coins des tables, les disposer en carré, en rond. — En cacher un, en cacher deux (idée de un et de plusieurs). (A. D.)

AU VOL

Attraper un objet au vol. — La maîtresse suspend un jouet au bout d'une ficelle; elle le balance, l'approche ou l'éloigne d'un enfant. S'il le saisit, c'est pour lui. (Coup d'œil et vivacité.)

XI

LES SENS

Les yeux bandés. — Bonjour, Jean. — Reconnaître un objet au toucher. — Le toucher, l'ouïe. — La vue, l'ouïe. — Devinettes. — Le moulin à café. — L'enseignement des couleurs. — Distinction des couleurs. — Arc-en-ciel. — Pailles de couleurs. — Combinaisons de couleurs. — Les couleurs des graines. — Les perles. — La main chaude. — Donner et compter. — Attitudes. — Gestes. — Les bêtes. — Les noix blondes.

LES YEUX BANDÉS

Marcher en ligne droite les yeux bandés. — La maîtresse se place en face de l'enfant et l'appelle à cinq pas, puis à dix, puis plus loin.

BONJOUR, JEAN

Je bande les yeux à Jean. — Sans prononcer son nom, je fais signe à Louise de venir devant Jean. Elle vient sans faire de bruit pour ne pas que l'aveugle sache de quel endroit de la classe elle vient. — Elle s'arrête devant Jean et dit bien distinctement : « Bonjour, mon ami Jean. » — Celui-ci, au son seul de sa voix, doit la reconnaître et répondre : « Bonjour, Louise. »

Tous les plus grands reconnaissent immédiatement celui ou celle qui vient leur dire bonjour. Les plus jeunes hésitent, nomment deux, quelquefois trois élèves, mais ils finissent presque toujours par trouver le nom exact. Celui ou celle dont on a deviné le nom prend la place de l'aveugle, on lui bande les yeux, etc...

Un petit bravo ou un bonbon pour celui qui a trouvé du premier coup.

RECONNAITRE UN OBJET AU TOUCHER

J'ai placé sur ma table un crayon, un bout de bois, une pièce de monnaie, un morceau de craie, une bille, une pomme, un brin de laine, de fil, de coton, de soie.

Je fais d'abord regarder et nommer tous les objets.

Ceci fait, les enfants sont appelés chacun à leur tour à mon bureau, et placés de telle façon qu'il ne leur soit pas possible de voir les objets; on les oblige à fermer les yeux.

Et alors, je conduis la petite main et la pose sur un objet. L'enfant doit, au toucher, deviner quel objet ses doigts ont rencontré. Quel succès quand on a bien nommé l'objet touché! Les petits camarades font « bravo », et ainsi peu à peu je développe l'esprit d'observation de mes petits élèves.

Pendant cet exercice ou des exercices analogues, je ne découvre jamais de fatigue chez mes enfants, et j'en conclus que je réussis à faire leur éducation en les amusant et en leur faisant prendre des habitudes d'attention.

LE TOUCHER. — L'OUÏE

J'ai plusieurs cailloux dans la main ; j'en fais tomber à la fois un, deux, trois, le nombre qui me convient dans la main d'un enfant, auquel on a bandé les yeux, et je lui demande combien il a de cailloux. Les premières fois, les enfants se trompent, et cela amuse toujours les petits camarades qui savent à l'avance combien j'ai fait tomber de cailloux, car je leur en ai indiqué le nombre avec mes doigts ; mais au bout de quelque temps, les enfants s'habituent très bien à reconnaître combien il leur est tombé de cailloux dans la main, et la joie est grande quand on devine juste. On peut faire cet exercice en faisant tomber les cailloux sur le bureau, mais il donne de moins bons résultats et il y a des exercices meilleurs pour exercer l'ouïe.

LA VUE. — L'OUÏE

J'ai devant moi, étalés sur la table, un morceau de bois, un morceau de fer, un morceau de porcelaine, un morceau de verre épais, un morceau de liège.

Après les avoir montrés aux enfants, leur en avoir dit le nom :

1º Chaque enfant est interrogé : Qu'est-ce que ceci ? Et je montre l'un ou l'autre morceau.

Cet exercice très simple a toujours du succès.

2º Je montre chaque morceau et je le fais tomber. Les enfants écoutent très attentivement et s'habituent au son que rend l'objet.

C'est le préliminaire de l'exercice. — Ensuite chaque enfant vient à mon bureau (une dizaine à peu près, suivant le temps dont nous disposons — les autres sont juges) et je le place de telle façon qu'il ne puisse voir l'objet que je fais tomber. Il doit en reconnaître la nature d'après le son.

Rien n'amuse plus que cet exercice les enfants qui sont chargés de juger. Je dois avouer d'ailleurs que les physionomies sont très souvent satisfaites, quand le petit qui doit deviner se trompe ! Tout le monde n'est pas parfait, n'est-ce pas ? Et puis cela me donne l'occasion de rappeler aux bons sentiments, quand on les oublie, c'est déjà quelque chose.

DEVINETTES

Les enfants tournent le dos. La maîtresse frappe sur une bouteille, un verre, un encrier, un grelot,

une sonnette, etc. Les enfants doivent reconnaître
l'objet et le nommer.

Un enfant a les yeux bandés ; un autre lui parle ;
il doit le nommer.   (A. D.)

LE MOULIN A CAFÉ (1)

(Les bâtonnets dont on dispose à l'école maternelle sont de deux grandeurs : les uns étant doubles
des autres.)

Faire distribuer par les enfants eux-mêmes
6 grands bâtonnets et 3 petits pour chaque élève.

Placer le moulin qu'il s'agit de représenter,
d'aplomb sur le bureau et en vue de tous.

Le coffre du moulin est sensiblement un cube.
Attirer l'attention des enfants sur la face de devant
qu'ils voient tous ; les lignes qui la limitent sont
égales *a priori* : donc, cette face est un carré.

Passer ensuite à la représentation du moulin
(s'assurer préalablement que les enfants savent
distinguer les lignes debout (verticales) des lignes
couchées (horizontales), des lignes penchées (obli-
ques) ; pour cela, faire tenir dans la main droite un
grand bâtonnet auquel les élèves donnent dans l'espace la position indiquée par la maîtresse.

1º *Coffre* : disposer 4 grands bâtonnets pour
figurer un carré (à plat sur la table).

Poser sur la table, perpendiculairement au bord
sur lequel s'appuie l'enfant en se penchant, un grand
bâtonnet (équivalant à une *ligne debout* et figurant
l'arête verticale du moulin). Aux deux extrémités de
ce bâtonnet, placer deux grands bâtonnets *couchés*,
perpendiculaires au premier, et former le carré à
l'aide d'un grand bâtonnet qui prend la direction
du premier placé : *ligne debout.*

---

(1) *Leçon de dessin* avec bâtonnets (préparation à l'exercice de
dessin sur l'ardoise ou le papier). Études des lignes : leurs positions
dans l'espace.

2° *Mécanisme.* *a*) Tige intérieure tournante (*ligne debout*) attenant à la roue dentée broyeuse.

Placer un petit bâtonnet, perpendiculairement au bord supérieur du moulin et en son milieu.

b) Manivelle : un grand bâtonnet (*ligne couchée*) perpendiculaire à l'extrémité de la tige.

3° *Accessoires.* *a*) Tiroir : vers la base du carré et parallèlement à elle, poser un grand bâtonnet (*ligne couchée*).

b) Couvercle : placer deux petits bâtonnets également inclinés qui se rejoignent sur la tige (*lignes penchées*).

c) Bouton de la manivelle et du tiroir, prendre une feuille de papier quelconque (une page de catalogue suffit) : la plier en 8, c'est-à-dire 3 fois en 2, — marquer fortement les plis, — prélever le 1/8 pour faire le bouton du tiroir, le reste servant à former le bouton de la manivelle.

(Ainsi, les boutons sont des balles de papier, chiffonné dans la main.) Le pliage et le découpage ci-dessus indiqués sont d'une exécution très facile et les enfants sont habitués à les pratiquer.

Nota. — Employer le tableau noir (en tant que surface plane) pour exécuter le travail, comme l'enfant se sert de sa table pour y figurer son dessin ; mouiller des lattes et les appliquer contre le tableau, les lattes n'étant que d'une sorte, les couper en deux pour obtenir des petites lattes, analogues aux petits bâtonnets dont se servent les enfants.

L'ENSEIGNEMENT DES COULEURS

On ne saurait trop s'attacher au perfectionnement des sens et particulièrement à celui du sens de la vue, qui permet à l'école des exercices variés et simultanés.

L'*Ecole nationale belge* donne à ce sujet un article intéressant sur l'enseignement des couleurs aux

petits enfants. L'exercice suivant y est signalé :
« C'est tout simplement un jeu de loto composé de
plusieurs cartons. Ces cartons sont divisés en quatre
compartiments dans chacun desquels se trouve dessiné un personnage : c'est le papa, la maman, la
petite fille et le petit garçon. Sur l'un des cartons, le
papa a un costume rouge; sur l'autre, un bleu, etc.;
bref, il a six costumes différents, de même que la
maman, la fillette et le garçon.

L'institutrice possède des cartons réduits au
quart et ne portant qu'un personnage. Elle peut
faire ainsi :

1° Un exercice visuel pur en montrant un à un
ses cartons, les enfants indiquant quand ils les possèdent; 2° Un exercice auditif visuel; en demandant : qui a le papa avec le costume rouge? qui a la
petite fille avec le costume bleu ? etc...

On peut aussi se servir de l'image d'une petite
fille dont la toilette varie à l'infini : tantôt elle a un
jupon vert, une blouse rouge, un col noir; tantôt un
jupon rouge, une blouse verte, un col jaune, etc... »

Voilà, certes, pour une classe d'école maternelle,
d'utiles et intéressants exercices, et quelle joie,
quel entrain doivent-ils amener !

DISTINCTION DES COULEURS

Chaque enfant a trois balles de couleurs différentes. La maîtresse ordonne de jeter telle ou telle
couleur contre le mur.

ARC-EN-CIEL

Faire des balles en papier chiffonné, indiquer les
couleurs, les placer dans un ordre indiqué.

Les couleurs de l'arc-en-ciel.

PAILLES DE COULEURS

Mettre des pailles de couleurs deux par deux,
trois par trois.

COMBINAISONS DE COULEURS

Cercles de couleurs différentes et de dimensions différentes. — Les ranger dans un ordre déterminé, le plus grand en dessous, ou le plus petit, ou le rouge, etc.

LES COULEURS DES GRAINES

On nous communique obligeamment une liste de graines qui peuvent servir aux *Jeux éducatifs.*

C'est aux institutrices à voir comment elles peuvent employer celles que nous leur indiquons ci-dessous :

Graines	*Couleurs*
Blé	jaune
Fèves	brun
Haricots	blancs
—	jaunes
—	rouges
—	verts
—	tachetés
Lin	brun
Maïs	jaune
Millet	jaune
Pois	jaune
—	vert
Sarrasin	noir

HARICOTS, POIS, LENTILLES

J'ai tout un assortiment de légumes secs qui me servent à faire faire des dessins à nos enfants.

Ces légumes sont séparés en deux; — rien n'est plus facile que de séparer en deux des haricots secs — afin qu'ils puissent bien se poser sur la table;

Rien qu'avec les haricots : rouges, blancs, verts

(flageolets), on peut faire de jolis dessins. Les pois cassés et les lentilles composent aussi de jolis ornements.

Les modèles sont dessinés au tableau et les enfants les reproduisent presque toujours avec un rare bonheur.

Chaque enfant a, dans une enveloppe qui lui est personnelle, la quantité de haricots qui lui est nécessaire pour copier les dessins faits au tableau noir.

LES PERLES

1° J'ai muni les enfants d'un grand bout de fil, à l'extrémité duquel est un gros nœud;

2° Au bout de chaque rangée de tables, je place un enfant tenant une boîte dans laquelle se trouvent des perles de toutes couleurs;

3° Je dessine au tableau trois perles rouges;

4° Je dis : « Prenez trois perles rouges »;

5° Les enfants qui ont les boîtes tendent à chaque petit camarade de leur rangée la boîte aux perles, où ils prennent trois perles rouges;

6° Je dessine au tableau trois perles bleues.

Et ainsi de suite pour diverses couleurs.

7° Quand les perles sont enfilées, nous les comptons, puis nous les additionnons trois par trois.

Puis on les désenfile, et on les rend trois par trois et par couleur.

On a passé vingt bonnes minutes.

On fait ensuite le même exercice, avec quatre, cinq ou six perles de même couleur et en combinant les exercices de calcul.

LA MAIN CHAUDE

Un enfant tourne le dos, la tête couchée, dans l'impossibilité de voir. Il met la main au dos. Les autres viennent lui frapper doucement sur la main en l'appelant. Il doit deviner qui frappe.

DONNER ET COMPTER

J'ai un grand sac plein de cailloux que j'ai choisis avec soin, à peu près de même taille et de même forme.

Voici à quoi il me sert : Je commence d'abord par tirer de mon sac un caillou, puis un deuxième, et les enfants comptent aussi avec moi jusqu'à dix.

Ensuite, je plonge ma main dans le sac et je la retire fermée sur quelques cailloux.

Je dis alors : « Devinez combien j'ai de cailloux dans la main? » Naturellement, les uns crient *trois*, les autres *cinq*, et quand je les compte, ceux que le hasard a servis sont très fiers d'avoir dit le nombre exact des cailloux enfermés dans ma main.

A ce moment-là, je n'ai fait qu'amorcer et amuser mon petit monde; mais l'exercice devient alors plus sérieux.

J'appelle un enfant; il me tend sa main; je dépose dedans des cailloux sans qu'il puisse les voir; je referme sa main, et il doit dire combien il en a dans la main.

Oh! les regards qui cherchent à filtrer à travers les doigts pour compter, comme ils sont intéressants à suivre !

Combien aussi m'intéresse celui-ci qui, au contraire, ferme obstinément les yeux et s'absorbe dans une appréciation qui, comme je le souhaite, sera peut-être juste.

D'autres, les petits, ne résistent pas; ils ouvrent leur main et ils regardent tout simplement combien ils ont de cailloux.

C'est un exercice que je recommande, il n'assure pas toujours le calme; tant mieux s'il provoque à l'activité. En tout cas, les enfants l'apprécient.

ATTITUDES

Imitation d'attitudes, de mouvements, de saluts, pleurs, sourires.

GESTES

Imiter les gestes faits par la maîtresse. Faire un geste sur commandement. Prendre une position indiquée.

LES BÊTES

J'ai fait une leçon l'autre jour à mes élèves, qui sont ceux de la grande section. Je leur ai parlé de la ferme et des différents animaux qui habitent une ferme.

La leçon, malgré le soin que j'y apportais, ne les intéressait pas tous ; alors, je leur ai montré les images des animaux dont je parlais ; cela allait déjà mieux. Mais quand je leur fis imiter les cris des différents animaux, les mines s'éveillèrent et j'eus alors l'idée de les grouper : ceux-là furent des moutons, ceux-ci des chats, ces autres des poules et des coqs. Je remarquai que le groupe qui fut appelé à représenter les ânes, n'était pas très empressé. Mais comme ces pauvres animaux sont, dans le pays, d'un grand secours aux pauvres gens, et qu'ils sont maltraités souvent, j'insistai sur les qualités de ces modestes auxiliaires de l'homme, et bientôt, mes petits élèves désignés pour ce rôle furent aussi fiers que les autres.

Quand je faisais « miaou », toute la tribu de chats répondait, et ainsi pour les autres animaux.

Maintenant, tous les enfants de la classe savent très bien quels sont les animaux qui peuplent une ferme.

PETITE RÉCRÉATION AJOUTÉE AU JEU DES NOIX BLONDES

Lorsque les enfants chantent les *Noix blondes,* pour leur rendre ce jeu plus amusant, pour le mouvementer et provoquer cette gaieté que nous aimons tant à voir chez nos bébés, j'ai imaginé un petit voyage accidenté qui les amuse énormément.

Lorsque les noix sont pressées, que l'huile est obtenue, on va la livrer. A cet effet, on monte en voiture, on prend en mains des guides (l'imagination de notre petit monde supplée au matériel) et les petits pieds marquent le pas du cheval. En route, on est surpris par un orage. Il débute par de grosses gouttes de pluie que les mains frappées lentement l'une contre l'autre imitent très bien. La pluie augmente, tombe très fort. Les petites mains frappent plus vite et plus fort. Quelle joie déjà!

Mais c'est du délire lorsque le tonnerre gronde, imité par les pieds qui trépignent en même temps que les menottes s'agitent, car la pluie tombe toujours.

Enfin, le calme revient; la pluie cesse; le tonnerre ne gronde plus.

On arrive chez la personne qui doit recevoir l'huile. On frappe, on est reçu. Un court dialogue s'engage. Puis on goûte; on remercie, etc. On remonte en voiture. On renouvelle l'orage si l'on veut et l'on rentre chez soi. Pour terminer et calmer tout ce petit monde, on se couche sur la table et tout le monde dort.

XII

VOLONTÉ

Volonté et patience. — Minutie et patience. — Jeu de patience. — Château de cartes. — Application. — Les nœuds, — La poupée. — Maison. — Choses utiles. — Travaux manuels. — Visites. — Prévenance. — Conversation. — Maintien.

VOLONTÉ ET PATIENCE

En matière d'éducation, la volonté et la patience sont des leviers tellement puissants qu'ils arrivent à modifier, même chez les petits, des habitudes invétérées.

Un exemple typique.

Dans une école maternelle, où la directrice, avec une bonté et une persévérance inlassables qu'on ne saurait trop louer, s'applique à réformer le langage de ses bébés, le fait suivant s'est produit :

Les petits aussi bien que les grands traduisent le mot « donné » par le mot f..., que l'on devine facilement. Or naturellement les récriminations : « Madame, — y m'a f... un coup de poing ; Madame, — y m'a f... une gifle », fleurissent à la journée.

La directrice fait l'effort nécessaire pour que ce mot soit remplacé par « donné ».

Et il y a quelques jours un marmot s'avance d'un air indigné vers elle et, tout suffoqué, il s'écrie : « Madame, Madame, y m'a, y m'a (ici une hésitation), Madame, y m'a « posé » une gifle » ; et d'un mouvement de sa menotte, il fait le geste, pour appuyer le mot qu'il avait substitué à celui de « donné » dont il ne se souvient plus.

Est-il rien de plus charmant ? Et n'est-ce pas une preuve palpable de ce que peut faire la volonté appliquée à l'éducation ?

MINUTIE ET PATIENCE

Voici ce que je fais pour occuper mes petits ; c'est un des exercices qui leur plaît.

Je coupe des ronds de dimension à peu près égale à une pièce de cinq francs dans du papier bulle, c'est-à-dire assez mince. Je pose un des ronds devant chacun de mes petits, qui savent qu'ils ne doivent pas y toucher.

A un signal donné, chaque enfant doit, de la main droite, prendre le rond de papier et le poser sur le médium de la main gauche, puis le tenir en équilibre jusqu'à ce que je passe dans les rangs.

Pour avoir un bon point, il faut que le rond de papier ait été pris sans avoir été froissé, ce qui est une grande difficulté.

La seconde difficulté, c'est de le tenir en équilibre sur le doigt de la main gauche ; je donne alors un second bon point si on réussit.

Ce papier sert ensuite à un déchiquetage.

JEU DE PATIENCE

Voici un jeu qui a le don d'amuser les enfants en les obligeant à une certaine attention tout en n'étant pas fatigant, je vous l'assure bien.

Il a été préparé à la leçon de travail manuel dans la classe enfantine.

Chaque enfant dispose de vingt rectangles de dix grandeurs différentes, c'est-à-dire qu'il y a deux rectangles de chaque taille.

Ces rectangles sont découpés par le milieu à la

façon d'un jeu de patience, sans aucune complication, — de manière que l'un des morceaux présente un bord concave et le morceau-frère un bord convexe. C'est en tout un total de quarante morceaux de papier, ou mieux de carton souple.

Les quarante morceaux sont mélangés, puis placés dans un petit sac en carton portant le nom de l'enfant.

A l'heure de la leçon on lui remet son petit sac avec le contenu, et son travail consiste à reformer vingt rectangles, en adaptant les parties concaves aux parties convexes.

Avant de leur laisser commencer le travail, je le fais, à l'aide des cartons-modèles, sur le tableau noir.

C'est, comme vous le voyez, un petit jeu de patience très rudimentaire. Mais il plaît aux enfants et les petits réussissent à appareiller deux ou trois rectangles, ce qui n'est pas sans importance pour l'éducation du toucher, de la vue, etc.

CHATEAUX DE CARTES

Ce n'est pas bien nouveau ce que j'ai trouvé; mais je me console et je le donne tout de même, puisque rien n'est nouveau sous le soleil.

Il s'agit tout simplement du « château de cartes » que tous nous connaissions dans notre enfance.

Pendant que nos parents jouaient aux cartes, on nous prêtait un jeu bien vieux, bien usé, et nous restions sages, très affairés à construire notre édifice, jusqu'à ce qu'un mouvement brusque ou un geste de dépit d'un des joueurs vînt jeter bas notre fragile construction.

Mais de cartes, on n'en a point à l'école. Voici donc comment j'ai fait. Dans le carton mince que me donne Mme la directrice, j'ai taillé des rectangles de taille égale à celle de véritables cartes. J'ai dés jeux bleus, des jeux roses, etc., ils se composent chacun de dix cartes. Chaque enfant à son petit paquet qui lui appartient en propre et qui est dans un étui, donc pas de danger de contagion.

A l'heure du « jeu éducatif » porté sur mon horaire, on distribue les paquets de cartes.

Je fais ensuite un château sur mon bureau et on imite ce que j'ai fait.

Quand un enfant a réussi à faire tenir ses dix cartes et qu'elles forment un « château quelconque », il a tout de suite un bon point.

Je n'attends d'ailleurs jamais que ces constructions, légères comme des rêves, me prouvent leur solidité, tout ce que je leur demande, c'est d'être quelque chose une seconde.

Cela donne lieu à des scènes intéressantes. Dans l'excès du triomphe, un bambin tape des mains; crac, plus de château ; il est à terre. Et le bambin consterné apprend qu'il faut modérer sa joie.

Un autre pleure et se dépite; dans ce cas, il y a toujours un bon Samaritain pour l'aider.

Cet exercice n'est ni ennuyeux, ni fatigant, ni bruyant; il exerce à la volonté et à la patience nos futurs ouvriers.

APPLICATION

Voici un exercice, qui est très simple, mais qui amuse beaucoup mes bambins.

Je coupe des carrés d'un décimètre de côté dans du papier de plomb, j'en fais ensuite de petites boules bien serrées. Chaque enfant reçoit une de ces petites boules, et doit, — c'est là le travail — la défaire sans la déchirer, puis lisser la feuille et me la rendre sans un pli.

Il faut voir l'application des enfants pour obtenir une belle feuille bien unie, et avec quelle légitime fierté ils apportent leur travail quand il est bien réussi.

Quelquefois, ils ne sont pas très consciencieux et ils essaient de croire eux-mêmes que c'est bien, alors que ce ne l'est pas; mais ils finissent toujours par reconnaître les défauts.

A cet âge, on a très nettement conscience de ce qui est juste ou non, et on accepte facilement et toujours un verdict basé sur la justice.

LES NŒUDS

J'ai coupé des morceaux de ficelle d'égale longueur; à chaque morceau, j'ai fait un certain nombre de nœuds assez serrés, mais non pas à un tel point qu'il soit impossible de les défaire.

A l'heure réservée — sur mon programme — aux jeux éducatifs, j'ai donné les morceaux de ficelle ainsi noués à chacun des enfants et ils ont eu la tâche de défaire les nœuds.

Les petits y ont mis de la bonne volonté, il n'y a presque pas eu d'efforts infructueux, et la joie était grande quand on venait triomphalement m'apporter la ficelle redevenue à l'état primitif. — Ce jeu a le grand avantage d'inciter les enfants au silence tout le temps que dure leur patiente application pour triompher des difficultés.

LA POUPÉE

« Qu'est-ce qu'une poupée ? Ce n'est pas une chose ni un objet, c'est une personne, c'est l'enfant de l'enfant. Celui-ci lui prête par l'imagination la vie, le mouvement, l'action, la personnalité. Il la gouverne comme il est lui-même gouverné par ses parents; il la punit ou la récompense, l'embrasse, ou l'exile ou l'emprisonne, selon que la poupée a bien ou mal agi; il lui impose la discipline qu'il subit; il partage avec elle l'éducation qu'il reçoit. »

HIPPOLYTE RIGAULT.
Conversations littéraires et morales.

Cette citation est extrêmement suggestive. Voit-on à combien de jeux elle peut donner lieu ? Voit-on la répercussion sur la volonté de l'enfant de ce qu'il fera faire à sa poupée, de ce que la maîtresse lui conseillera de dire, de faire, de ne pas faire à son fantoche ? Et voit-on ce qu'on peut faire par les garçons, avec les soldats de plomb, rangés, alignés, mis en bataille.

(A. D.)

MAISON

Faire chanter : *Chacun sa maison selon sa façon*, etc.

Donner aux enfants des papiers, ou des bouts de carton, ou des cubes et toutes choses pouvant être utilisées pour une construction, et leur dire de bâtir leur maison.

Aider les maladroits, de façon qu'ils ne se découragent pas de recommencer jusqu'à ce qu'ils aient réussi.

(A. D.)

CHOSES UTILES

Jouer à des choses utiles en classe :

Distribuer des crayons sans les casser, des feuilles de dessin sans les froisser, des papiers à fleurs sans les déchirer, des ardoises sans les laisser tomber avec fracas ;

Porter un objet sur la deuxième table, sur la quatrième, etc. ; le placer de telle ou telle façon ;

Reprendre certains exercices d'équilibre (voir le chapitre spécial) ;

Faire chercher ce qui ne serait pas normal dans la classe, par exemple une chaise renversée, une porte ouverte ; donner le goût de réparer le désordre sans affectation et sans bruit.

(A. D.)

TRAVAUX MANUELS

Faire exécuter jusqu'à réussite complète, s'il est possible, — il est bon de chercher à faire naître la volonté d'achever ce qu'on a commencé, — un certain nombre de travaux de pliage : cocottes, fichus, cache-pot, — de découpage : feuilles, papillons, festons, poupées, soldats, — avec des bâtonnets : échelle, chaise, lettres, drapeaux, maisons, — avec des cubes : cuisine et ustensiles, chambre à coucher et meubles, salle à manger et accessoires, guignol, etc., etc.   (A. D.)

Il n'est pas possible de tout indiquer ; l'important est de chercher ce que les enfants peuvent faire, et une fois qu'ils l'ont entrepris, de les encourager à aller jusqu'au bout.

VISITES

C'est l'heure de se mettre en route. On range les enfants en deux camps : lés parents, les enfants.

Aller chercher le chapeau du père, l'ombrelle de la mère, etc.

Les visiteurs arrivent chez leurs amis : offrir des chaises, prendre des mains les objets de ces messieurs et dames, chapeau, ombrelle, etc.

Inspirer l'intention de dire des choses aimables, de faire les empressés ; — aider en cela les enfants en faisant les gestes de politesse, qu'ils imiteront, en leur disant les mots et les petites phrases qu'ils répéteront. Quand ils en auront l'habitude, ils feront cela d'eux-mêmes.   (A D.)

PRÉVENANCE

Faire ramasser un objet tombé ou déposé exprès à terre. Faire chercher à qui il appartient. Le faire rendre à celui ou celle qui l'a perdu ou laissé tomber. Eveiller l'idée d'être vraiment utile. (A. D.)

CONVERSATION

Jouer aux noms et aux adresses. Un enfant dit son nom à un petit, et lui demande comment il s'appelle.

Même procédé pour les adresses. La maîtresse dirige; elle laisse faire; elle écoute; elle rectifie. Elle exerce les enfants à articuler très nettement, lentement d'abord, puis plus vite; ne pas faire répéter à chaque exercice plus de deux ou trois fois le nom ou l'adresse; la souplesse de la langue sera lente à venir; c'est par la répétition de tous les jours qu'on l'obtiendra. En tout cas, ne rien faire qui ait le caractère d'obligation ou de contrainte. Par les mêmes procédés, amener les enfants à employer les mots mêmes du langage courant et à les prononcer très intelligiblement; — dire *cheval* et non *dada,* — dire *manger* et non *mamer,* etc.

Les amener à s'aider pour cela entre eux, à se rectifier, à jouer aux mots, et à faire ainsi un apprentissage sérieux de la parole; créer une petite émulation par les gestes, les mots, l'aide mutuelle.

Autant que possible obtenir aux questions des réponses complètes ayant l'allure d'une petite phrase.   (A. D.)

MAINTIEN

Par des exercices d'imitation, amener les enfants à se bien tenir, partout et toujours. Pas de dos ronds, pas de doigts dans le nez, ni dans la bouche; pas de mauvaise habitude de renifler.

La maîtresse marche comme il convient : les enfants l'imitent.

Elle se tient droite; elle prend une pose agréable à son bureau; ils l'imitent.

Elle leur montre ce qu'il ne faut pas faire : les coudes sur la table, la main sur la tête pour se gratter, etc.

Les enfants devront à la longue acquérir la volonté de prendre de bonnes habitudes et d'écarter ou de perdre les mauvaises.   (A. D.)

XIII

ÉDUCATION FAMILIALE

Petites ménagères. — Pas de bruit. — L'ordre. — Le soin. — Rangement. — Propreté. — Les mains. — Les pieds. — Chaussures. — Aide mutuelle. — Le couvert. — A table. — La dinette. — L'appel à l'école. — Commissions. — Le propriétaire. — Le jeu de l'habillement. — La maman de la petite enfant. — L'enfant malade. — Les malades. — La politesse.

PETITES MÉNAGÈRES

Se lever gaîement.
Faire sa toilette.
S'habiller.
Bien s'assurer que les vêtements sont propres et ne sont pas troués.
Aider au ménage.
Essuyer les meubles.
Balayer la maison.
Mettre le couvert.
Surveiller les petits frères et les petites sœurs.
Répondre aimablement.
Garder toujours la bonne humeur.
Aimer à rendre service.
Ne pas perdre son temps et paresser.
Ranger la maison, — à l'école ranger le matériel de la classe.
Apprendre à coudre, à faire du crochet.
Apprendre à natter. (A. D.)

PAS DE BRUIT

Ne pas crier.

Ne pas pleurer.

Marcher doucement.

Fermer doucement les portes.

Ne pas se heurter aux objets, tables, chaises, etc.

(A. D)

L'ORDRE

L'enfant se déshabille.

Il doit veiller à ce que ses vêtements ne soient pas chiffonnés pour le lendemain.

Placer le tablier sur le dos de la chaise.

Sur le siège, étendre la robe.

Pendre les bas ou les chaussettes aux barreaux.

Dire bonsoir.

Le lendemain, on retrouvera tout en ordre.

(A. D.

LA CIGALE, LA FOURMI ET L'ABEILLE

LE SOIN

Nous avons raconté l'histoire de l'imprévoyante cigale, celle de la fourmi si économe, et vous avez tous admiré la bonté de l'abeille. Nous allons jouer et les imiter, mais nous ferons avec des poupées ce qu'elles ont fait avec leur nourriture.

Qui veut jouer? Toutes les mains se lèvent! mais le nombre est limité. Je choisis trois petites filles et un petit garçon. La Cigale sera représentée par Marguerite, enfant aimable, gaie, mais renommée pour son étourderie, sa négligence; la Fourmi, au contraire, le sera par Juliette, plus posée, plus sérieuse, et l'Abeille par une des plus grandes et des plus appliquées.

Le jeu commence, ainsi que la fable, il sera un petit drame à plusieurs actes.

1er acte : Marguerite et Juliette jouent dans le jardin, chacune avec sa poupée. La première, vite fatiguée, abandonne négligemment sa fille dans un coin (l'insouciante petite maman lui laissera passer la nuit là). Juliette, au contraire, prend mille précautions; lasse de ce jeu, elle ira soigneusement coucher son bébé.

2e acte : Le lendemain, qu'arrive-t-il? La poupée de Marguerite est retrouvée dans un état lamentable, elle est complètement abîmée.

Juliette joue avec son ballon ; Marguerite vient et dit : « Prête-moi ta poupée. — Te prêter ma poupée, pourquoi as-tu abîmé la tienne? Non, je ne veux pas te la prêter, tu me la casserais, etc., etc. » Marguerite se retire en pleurant.

Tandis que Juliette joue au ballon, le petit frère, gros bambin de trois ans s'empare de la poupée, court chargé du précieux fardeau... et pouff... il tombe, la poupée est en pièces. Juliette accourt, scène de désespoir (larmes, reproches, etc.).

3e acte : Juliette aperçoit une de ses amies, Rose, qui porte une superbe poupée. — « Oh! la belle poupée, prête-la-moi. » Rose, ainsi que l'abeille, reproche à sa petite amie son peu de bonté envers Marguerite, mais, lui dit-elle : « Viens jouer, je vais te la prêter, allons d'abord chercher Marguerite qui est seule et toutes trois nous jouerons ensemble. »

Elles s'en vont en courant.

RANGEMENT

Poser un objet à une place déterminée et de la façon indiquée.

PROPRETÉ

Faire remarquer ce qui est propre, ce qui ne l'est pas ; taches, poussière, figures et mains sales.

Apprendre à détester ce qui est sale.

Faire essuyer bancs, chaises, tables, pupitre, etc.

Apprendre à nettoyer l'ardoise avec un chiffon. Un enfant passe dans les rangs avec un gobelet d'eau dans lequel chacun mouille son chiffon.

Brosser son vêtement, celui de son camarade.
Se moucher. Montrer comment il faut faire.
Mouchoirs personnels de linge ou mouchoirs en papier.
Apprendre à se débarbouiller.
Essuyer ses pieds au paillasson.   (A. D.)

LES MAINS

Avoir les mains propres.
Se les laver.
S'essuyer soigneusement (que les enfants aient autant que possible chacun sa serviette).
Faire sécher sa serviette.
Main droite, main gauche.
Mitaines.
Salut militaire avec la main.
Se nettoyer les ongles.
Multiplier les exercices qui facilitent l'agilité des mains.
Les noms des doigts.   (A. D.)

LES PIEDS

Soigner ses chaussures.
Ne pas marcher dans l'eau, dans la boue.
Marcher en se tenant bien, correctement.
Poser le pied ici, là, à droite, etc.
Contourner un obstacle.
Franchir un obstacle.
Essuyer ses pieds sur le paillasson.   (A. D.)

CHAUSSURES

Dénouer le lacet de sa chaussure. Renouer. Les grands aident les petits.
Apprendre à nettoyer ses chaussures.

AIDE MUTUELLE

Détacher le tablier d'un camarade, rattacher, lui enlever les manches, les remettre, jouer à la maman.

Relever les manches, les baisser; boutonner,
déboutonner; agrafer, dégrafer un vêtement; le
suspendre, le reprendre. Jouer par ce moyen à la
maman et au bébé (changement de rôles).

LE COUVERT

Mettre proprement, élégamment.

Essuyer les objets avant de les placer sur la table.

Nappe en papier — disposer assiettes, cuiller,
fourchette, verre, couteau ; — replier, ranger.

A TABLE

Les enfants à table, serviette, fourchette, cuiller;
avec quelle main mange-t-on?

Comment on mange telle chose, puis telle autre;
indiquer le plus de mots possible.

LA DINETTE

Je viens d'apporter sur mon bureau des assiet'es,
des cuillères, quelques fourchettes, des gobelets de
poupée, quelques figues sur un plat, des miettes de
biscuits dans une petite soupière, une petite bouteille de vin, une autre pleine d'eau; enfin des petits
morceaux de pain dans une corbeille.

« Mes enfants, je vois à votre figure réjouie que
vous devinez ce que nous allons faire. — Nous allons
faire la dînette, s'écrient presque tous les enfants.

— C'est vrai, mes petits, vous connaissez donc ce
jeu-là? — Oh oui! Madame, répond Lucienne, je
fais souvent la dînette avec ma petite sœur et ma
poupée. — Et moi aussi, continuent d'autres petites
voix joyeuses.

— Je crois bien que, jusqu'à présent, vous avez
surtout fait la dînette pour le plaisir de manger quelques friandises.

Aujourd'hui, nous allons la faire pour vous
apprendre à bien vous tenir à table, comme des
enfants bien élevés.

Nous allons d'abord mettre une nappe, ce sera la feuille de papier que je vais placer sur chaque table. Suzanne, Louise et Madeleine vont disposer devant chaque enfant une assiette, une cuillère, un gobelet et une servictte (celle-ci est un carré de papier qui a été plié et mis dans un rond de fil de laiton dans une précédente leçon). Je vais donner, moi-même, une fourchette à quelques enfants que je sais assez grands et assez adroits pour s'en servir, car la fourchette est dangereuse et ne doit jamais être mise entre les mains des tout petits.

Maintenant que tout le monde a son couvert, vous allez retirer votre serviette de son rond, la déplier et la mettre à votre cou, un coin dans l'encolure de votre vêtement, comme je fais moi-même. (Je vois des petits qui sont bien embarrassés, quelques-uns même pleurent, car en essayant de déplier leur serviette ils l'ont déchirée. Une autre feuille de papier la remplace et les plus grands aidant leurs jeunes camarades, tous mes petits convives sont bientôt prêts à manger la soupe. Je sers à chaque enfant des miettes de biscuits qui sont dans la soupière, en recommandant à tout ce petit monde, qui est très pressé de commencer à manger d'attendre que tous leurs camarades soient servis.)

Maintenant vous allez prendre votre cuillère, comme moi, entre le pouce et le deuxième doigt; et vous allez manger votre soupe sans renverser. La soupe est finie, nous pouvons boire un peu. Je vais vous verser quelques gouttes de vin dans votre tasse que je remplirai d'eau, car les enfants ne doivent jamais boire que de l'eau rougie ou mieux encore du lait. Avant de boire, on s'essuie la bouche avec sa serviette pour ne pas salir son verre avec ses lèvres; on s'essuie encore après avoir bu, pour effacer de ses lèvres les traces de vin.

Nous allons ensuite passer au rôti. Seulement, comme on ne mange pas de viande sans pain, Lucien va présenter la corbeille à pain et chaque enfant en prendra un morceau. La viande (représentée par les figues) est servie; vous voyez que j'ai pris soin de la couper en morceaux puisque les enfants ne doivent pas se servir du couteau. Vous allez prendre votre cuillère et vous en servir comme pour la soupe. Les enfants qui ont une fourchette la tiendront comme je le fais moi-même avec le pouce et le doigt du milieu, en se servant du deuxième doigt pour appuyer sur la fourchette et l'aider à piquer le morceau de viande.

Il n'y a plus rien dans les assiettes; il ne vous reste plus qu'à vous essuyer la bouche avec votre serviette, puis vous la plierez, vous la roulerez pour la remettre dans son rond. Je compte sur les grands pour aider les tout petits, embarrassés.

La dînette est terminée. Répétez avec moi et n'oubliez pas ce que je vais dire: Un enfant doit manger proprement comme une grande personne. »

Le jeu de la dînette n'est pas nouveau; mais il plaît toujours aux enfants. Peut-être le morceau de gâteau ou de bonbon qui doit être leur part du repas joue-t-il un grand rôle dans l'intérêt qu'ils trouvent à cet amusement; mais il ne faut voir que le moyen d'habituer l'enfant à se servir des objets qui composent le couvert, à boire et à manger proprement, à demander poliment ce qu'il désire, à dire merci lorsqu'il l'a obtenu. Cet exercice montre enfin aux enfants qu'ils peuvent rendre service à leurs mamans en dressant le couvert ou en débarrassant la table, pourvu qu'ils le fassent sans brusquerie, afin de ne rien casser.   (M. D.)

L'APPEL

C'est l'heure de l'appel. A son nom chaque enfant se lève, vient au bureau de la directrice, salue de la main, si c'est un garçon, ou dit : « Bonjour, Madame, » si c'est une fille.

Les garçons se dirigent d'un côté de la classe, les filles leur font face de l'autre.

A un signal donné, les garçons saluent les filles qui leur font la révérence. Et chaque enfant regagne sa place.

COMMISSIONS

Envoyer les enfants faire une commission. Les faire parler.

LE PROPRIÉTAIRE

Un enfant défend sa maison (un point de la cour); ses camarades, à tour de rôle, essaient d'y entrer. (Pas de violence.)

LE JEU DE L'HABILLEMENT

La maîtresse montre le genre d'étoffe ou la matière, et les enfants répondent par le nom d'une partie correspondante de l'habillement ou du trousseau.

Voici du drap — C'est un gilet... un pardessus... un pantalon d'homme... un manteau de dame... un paletot... un béret... un capuchon.

Voici de la toile — C'est un mouchoir... une serviette... un torchon... un drap de lit... une voile de navire.

Voici du coton — C'est un bas... une chaussette... un tricot... un bonnet de coton...

Voici de la soie — C'est un foulard... un ruban... une cravate... une faveur... du velours.

Voici de la laine — C'est un fichu... un jupon... des chaussons... une pèlerine... des mitaines... des gants d'hiver... une robe bien chaude.

Voici du cuir — C'est une bottine... un soulier... une pantoufle... une ceinture... une courroie... un sac.

Voici du métal — C'est une montre... une bro-
che... une boucle de ceinture... une agrafe.
Distribution des récompenses.

LA MAMAN ET LE PETIT ENFANT

La conduite à l'école ; l'enfant donne la main à la
maman, on évite de se cogner aux bancs, aux
tables, etc. Les recommandations de la maman, les
adieux du petit enfant (à tour de rôle). Salut des
garçons ; salut des filles.

L'ENFANT MALADE

L'enfant malade, le médecin, la maman. Interro-
gatoire. Où a-t-on pris mal ? Trop mangé, trop
couru, pris froid, marché dans l'ea , pieds mouil-
lés. Les précautions, les soins, la tisane, le silence,
la guérison.

LES MALADES

C'est le moment, d'après l'horaire, des « jeux
éducatifs ». Depuis hier, je m'en préoccupais, me
demandant ce que je ferais.

Un incident chez moi m'a fait trouver la leçon
du jour. Mon mari est souffrant, il est alité. Je viens
de lui envoyer un peu de tisane par ma fille, et dès
que j'arrive ensuite, ce sont des récriminations :
« Berthe a ouvert brusquement la porte, elle marche fort, elle a posé si violemment la tasse dans
l'assiette, quand on la lui a rendue après l'avoir
vidée, que c'était à croire qu'elle serait cassée. »

J'ai ma leçon !

J'explique aux enfants que, lorsqu'il y a un malade dans une pièce, il ne faut pas marcher fort ;

Nous allons essayer ;

Et je dis aux enfants :

« Louise va s'étendre sur ma chaise, elle va fermer
les yeux, vous passerez auprès d'elle en marchant
doucement ;

Si vos pieds frappent le sol, ou si vous marchez sur la pointe du pied et que cela fasse grincer vos chaussures, Louise vous entendra.

Si vous passez près d'elle sans qu'elle vous entende, vous recevrez un bon point. »

Toute la classe a fait cet exercice, qui a pris les vingt minutes que je consacre, le matin et le soir, aux jeux éducatifs. Et comme j'avais expliqué un peu longuement la première partie : maman est malade, il faut marcher doucement dans sa chambre, — mon petit monde était pénétré de la nécessité de faire bien, et il a gravement fait l'effort nécessaire.

Ce soir, nous apprendrons à poser doucement une tasse ou un bol dans une assiette. Ce sera un garçon qui jouera le rôle du malade.

Il faut choisir pour ces rôles un enfant bon et honnête, incapable de se laisser aller à la tentation de dire qu'il a entendu le bruit fait par un camarade pour le mauvais plaisir de lui faire perdre un bon point.

LA POLITESSE

Pour un petit enfant, la politesse consiste :

A dire bonjour le matin en s'éveillant sitôt qu'il voit son papa et sa maman ;

A saluer les personnes qu'il connaît quand il les rencontre ;

A dire bonjour en entrant ou au revoir en sortant, soit qu'il soit à l'école, soit qu'il aille chez quelqu'un ;

A demander pardon, c'est-à-dire à faire un signe d'excuse quand il passe devant quelqu'un ;

A écouter dans une attitude convenable les personnes qui lui parlent, etc.

TABLE DES MATIÈRES

XII. — Volonté.

XIII. — Éducation familiale.

Imprimerie Gedalge, 75, rue des Saints-Pères, Paris.

www.ingramcontent.com/pod-product-compliance
Ingram Content Group UK Ltd.
Pitfield, Milton Keynes, MK11 3LW, UK
UKHW021222140726
13695UKWH00002B/696